OPHOTOS

老照片

主编 冯克力

山东画报出版社

济南

图书在版编目（CIP）数据

老照片.第143辑/冯克力主编. —济南: 山东画报
出版社, 2022.6
ISBN 978-7-5474-4139-8

Ⅰ.①老… Ⅱ.①冯… Ⅲ.①世界史－史料 ②中国历
史－现代史－史料 Ⅳ.①K106 ②K260.6

中国国家版本馆CIP数据核字（2023）第034127号

LAOZHAOPIAN DI143JI
老照片.第143辑
冯克力主编

责任编辑 赵祥斌
特邀编辑 张 杰 丁 东 邵 建
装帧设计 王 芳
特邀审校 王者玉 赵健杰

主管单位 山东出版传媒股份有限公司
出版发行 山东画报出版社
　　　　　社　　址 济南市市中区舜耕路517号　邮编 250003
　　　　　电　　话 总编室（0531）82098472
　　　　　　　　　　市场部（0531）82098479
　　　　　网　　址 http://www.hbcbs.com.cn
　　　　　电子信箱 hbcb@sdpress.com.cn
印　刷 山东临沂新华印刷物流集团有限责任公司
规　格 140毫米×203毫米　32开
　　　　　6印张　156幅图　120千字
版　次 2022年6月第1版
印　次 2022年6月第1次印刷
书　号 ISBN 978-7-5474-4139-8
定　价 25.00元

目　录

沧桑正阳门

刘 鹏

明成祖朱棣在南京即位后，决议迁都北京。

明永乐四年至十八年（1406—1420）修建了北京的宫殿和城垣，将元大都的南城垣南移约二里，元大都南城墙的中门丽正门平移修建到今天正阳门的位置，称为丽正门。明正统元年（1436）修建九门城楼，在丽正门外增筑瓮城、城楼、箭楼、闸楼，疏浚城壕等，瓮城墙将城楼、箭楼连接起来，正统四年（1439）完工后丽正门改称正阳门。

正阳门的布局和形制

京城九门之首的正阳门是古代城市军事防御建筑，历经六百年的发展，形制日趋完备。

瓮城——城楼与箭楼之间为瓮城，南北长 108 米，东西宽 85 米，南端两侧为圆角。是在城门外侧筑的长方形小城，将城垣与城楼和箭楼连为一体，是城门的保护屏障。守城将士在城上居高临下，对攻城的敌人形成"瓮中捉鳖"之势。

闸楼——闸楼是瓮城的防御设施，下设券门，供行人和车马进出城池，门洞上方设千斤闸，瓮城东、西两侧分别修筑闸楼各一座，闸楼面阔三间，单檐灰筒瓦歇山顶，绿琉璃瓦剪边，闸楼外侧正面设箭窗两排12孔木方窗，闸楼面为门两内侧各开一方窗。

正阳门城楼——城楼供守城将领登高瞭望，指挥作战。整体建筑为楼阁式三重檐，屋顶为灰筒瓦，绿琉璃瓦剪边，面阔七间，进深三间，上下设回廊。城楼连城台通高43.65米，宽41米，进深21米。城楼坐落在砖砌城台上，下有拱券式门洞，城楼的正南方是箭楼。

箭楼——箭楼在城楼的正前方，面向城外的东、西、南三面墙体辟有对外射击的箭窗共94个，便于防御对外放箭之用。箭楼为重檐歇山顶堡垒式建筑，屋顶为灰筒瓦，绿琉璃瓦剪边；门阔七间，北出抱厦五间，上、下四层，通高35.37米，设有双重大门，内侧为对开大门，外侧是可以升降的闸门。是内城九门中唯一箭楼开门洞的城门，在京师各门的箭楼中也最为高大。

图1　1907年，重建后的正阳门全景。

图2 1900年，未毁前的正阳门瓮城内景，前方是正阳门城楼。

图3 清末民初的正阳门瓮城东闸楼。

正阳门城楼、箭楼遭损毁

　　明清时箭楼多次遭火灾，多次修建。1900 年 6 月 16 日，义和团为"扶清灭洋"，抵制洋货，火烧正阳门外大栅栏老德记洋药房等商铺，大火波及东西荷包巷和周边大片商铺，一直烧到正阳门箭楼。

　　1900 年 8 月 14 日凌晨，俄军射出了轰击北京城的第一发炮弹。之后，日军和俄军计划用烈性炸药轰开城门，派去点燃引信的士兵先后有一百多人被据守城楼的清军打死。后来，进攻正阳门箭楼的日军针对清军多使用抬枪致火药散落的情况，发射了

图 4　1925 年，正阳门箭楼。西德尼·D. 甘博摄。

图5 1900 年，被义和团火烧的正阳门。

燃烧弹，引爆了守军散落的火药，城墙和城楼遂陷于火海之中，最终，日军用炸弹把正阳门箭楼炸掉了一半。至当晚9点，联军相继攻入北京的外围城墙。9月27日，驻扎瓮城的印度兵（英国雇佣军）在正阳门城楼燃火，不慎发生火灾，将城楼全部焚毁。

图6 1900年，被八国联军炮火毁坏的正阳门箭楼。

正阳门的重建和改建

庚子事变后，被毁的正阳门一片狼藉。清廷被迫与俄、日、英、美、德、法等十一国签订《辛丑条约》后，1901年10月6日，慈禧太后和光绪皇帝自西安返京。为迎接两宫回銮，直隶总督府用银万两，请工匠用杉篙、苇席，再绕以彩绸，在残破的正阳门城楼和箭楼上搭起彩牌楼，以充门面、壮观瞻。从现存照片（图7）中可以看到正阳门箭楼上半部分已不存在，暂时搭起彩牌楼的情景。鉴于正阳门破损严重，袁世凯、陈璧派

图7 1901年，两宫回銮前正阳门箭楼上正在搭建的彩牌楼。

　　图8 1902年1月8日，澳大利亚摄影师莫理循在正阳门瓮城内所拍摄。这一天，两宫回銮，光绪皇帝和慈禧的轿子经过正阳门瓮城，在瓮城内西北角的关帝庙拜佛上香。

人对正阳门进行勘察，光绪二十八年（1902）十一月二十六日，对正阳门及城垣的破损情况进行评估并上奏朝廷。

光绪二十九年（1903），袁世凯、陈璧奉旨重新修建正阳门城楼和箭楼，由于多年战乱，工部留存京城各城门的工程档案均被毁，复建正阳门城楼只得按照崇文门城楼和宣武门城楼的规制放大修建，复建正阳门箭楼则按照宣武门箭楼的规制放大复建。重建工程于光绪二十九年五月开工，原计划三年完工，由于建筑材料采购困难等，直到光绪三十三年（1907）九月才竣工。工程原计划用银443000两，实际耗资共计498922两。

清末，京奉、京汉两铁路正阳门站建成后，正阳门周边人

图9 1915年，拆卸东瓮城京奉土车起运砖土情形。

8

图10 1915年，箭楼南面修建洋灰骑楼工程情形。

流、车流非常密集。1914年，为缓解交通拥堵，内务总长兼北京市政督办朱启钤向大总统袁世凯提交《修改京师前三门城垣工程呈》方案，1915年6月16日开工，朱启钤主持了这次改建。北洋政府聘请德国建筑师罗思凯格尔对正阳门箭楼进行设计、改建，在箭楼上利用欧式风格装饰月墙断面增添西洋图案花饰，添建水泥平座护栏和箭窗的弧形遮檐，形成现在的外观，增加了"之"字形登城马道，正阳门瓮城月墙及东西闸楼被拆除。在城楼的左右两侧城垣上各辟两座券门，修建了马路，对正阳门前广场进行了修整。于同年12月29日竣工。

形情土砖街盘棋西運起城入車土奉京

图 11 1915 年，京奉土车入城起运西棋盘街砖土情形。

正阳门内的关帝庙和观音庙

正阳门瓮城内有两座庙，西侧为道教寺庙关帝庙，东侧为佛教寺庙观音庙。1914 年，原先封闭的瓮城被拆除后，那里变成了开阔地，关帝庙和观音庙随即露出。这两座庙曾经香火不断，每日前往求签者络绎不绝。特别是关帝庙，其余几座均供奉着关公，其中规模最大、香火最旺的当属正阳门瓮城内的关帝庙，它的影响力超过旁边的观音庙。遗憾的是，这两座庙已在 1967 年被拆除了。现在和大家说说这两座曾经香火很旺的庙宇。

10

正阳门关帝庙也称前门关帝庙，此庙建于明朝万历年间，由山门、石座、供桌、观圣帝君殿组成。据史料记载：庙内有义、圣、忠、王大字碑和明万历年撰记碑文拓片，其中部分碑文为董其昌所书。2008年6月，丰台区南苑乡槐房村村民在拆建小房地基时，发现了正阳门瓮城关帝庙的两座著名石碑。其中一座碑是董其昌所书的《汉前将军关侯正阳门庙碑》，另一座碑的碑文为康熙皇帝书法老师沈荃撰并书的《正阳门关帝庙碑》。据了解，这两座石碑是1968年从正阳门运到槐房的，目前两座石碑得到妥善保管。

　　关帝庙内还有一尊明世宗嘉靖皇帝供奉的关帝像，传说最

图12　1915年，箭楼及悬空月台工程落成情形。

图 13 1915 年 12 月，正阳门改造工程竣工后，朱启钤等人在正阳门箭楼上合影。

图 14 1915 年，正阳门城楼两侧的关帝庙和观音庙。

图15 民国时期关帝庙正门

早的关帝像尺寸较小，嘉靖皇帝又命人请木工制作了一尊大像，旧像已经过数百年的香火，曾来占卜的人太多，弃之恐不吉利，嘉靖皇帝遂命两像同时摆放。庙中有山西工匠张一忠制作的铁声，重百余斤，声虽然为铁质，却发出铜音。庙内还有"三宝"尤为珍贵：第一件为三柄大刀，最大的长两丈、重两百千克，其余两柄分别为六十千克和九十千克，均为清嘉庆十五年（1810）陕西绥德城守营都司马国镒在前门外打磨厂三元刀铺定铸。每年农历五月初九，关帝庙都要举行磨刀典礼，届时将刀抬出，请三元刀铺的工匠按照普通磨刀法举行仪式将刀磨光，再放回原处，与白云观洗骨典礼相同。第二件宝物为关帝画像一轴。据说是唐代画圣吴道子的手笔，1900 年的庚子事变中被德兵掠取。第三件为关帝庙前的明代汉白玉石马，雕刻精细，是明代遗物，清末到民国初年，屡次拆改正阳门一带，石马不知何时丢失。

正阳门关帝庙香火一直很旺盛，都说"关帝签"非常灵验。清代著名诗人王世祯当年参加科考前曾到正阳门关帝庙求签，

图 16 民国时期在关帝庙进香的人。

图17 己卯年（1939）除夕，香客在关帝庙进香。

他求得的签语是："今君庚申未亨通，且向江头做钓翁。玉兔重生应发迹，万人头上逞英雄。"后来王世祯进士中选，本应留在京师，最终却赴扬州就任。后来他被提拔为国子监祭酒时，才发现自己一生的沉浮，竟然应验在关帝庙抽取的签语中。在《道咸以来朝野杂记》中有这样的记载：李若农当年参加咸丰己未科会试时，曾经在考前来正阳门关帝庙求签。他求得的签语是"名在孙山外"。他看后很是失望，以为会名落孙山。没想到发榜时竟考取了进士。他逢人便说，此签实在不灵验。等到殿试发榜，状元为孙家鼐，榜眼名孙念祖，李若农得了个探花，实列"二孙"之后，与签语正契合。李若农叹服不已。诸如此

<section />

类的传闻一传十、十传百，越传越奇。

　　农历每月十五，关帝庙开放庙门接受香火，每年农历除夕到初二开庙三天，游人最多，每当开庙时，庙里庙外坐满道士手抱签筒接待求签香客，百余摊儿仍应接不暇，同时庙里还施舍道教善书，如《关圣帝君六十四爻》《关圣帝君桃园明圣经》等。清杨米人《都门竹枝词》说道："吕祖祠中好梦留，白云观里访仙游。灵签第一推关庙，更去前门洞里求。"形容了关帝庙面积虽然不算大，但香火的旺盛比白云观、东岳庙这样的大庙一点不差。

图 18　庚辰年（1940）春节，观音庙门外卖香的老太太。

图 19 庚辰年（1940）春节，上香的人走出观音庙大门。

观音庙为祠堂所改，原为祭祀洪承畴。坐落在正阳门东侧的观音庙建于明代崇祯年间，布局和关帝庙基本相同，由山门、石座、供桌、观音殿组成。观音庙的建成还有一段传说：明崇祯末年，崇祯皇帝诏爱将洪承畴御敌，授予尚方宝剑，朝中文武对他寄予很大希望。松山城破之后，洪承畴投降清军，朝臣怕皇帝伤心，便上奏洪承畴已死，崇祯皇帝以为洪承畴殉难，痛哭失声，下令在正阳门东侧建祠堂祭祀，亲笔写下祭文设立于庙中。后来，得知洪承畴非但未死，而且已经投降清军，崇祯皇帝听后肺都气炸了，立即下令停止祭祀仪式，并捣毁庙中供奉的洪承畴塑像和牌位，将祠堂改为观音庙。此时，洪承畴投降的消息传遍了京城，老百姓纷纷赶到正阳门祠堂，打碎他的塑像丢进茅厕。洪承畴降清加速了明朝的灭亡。清顺治帝在紫禁城金銮宝殿加封文武百官，其中洪承畴功劳最大，被顺治帝封为一品。

顺治初年春节，京城百姓燃放鞭炮庆祝，大年初一早晨，洪承畴睡得正香，忽然闻听护卫报告，有人赠送对联一副，洪承畴接过对联一看，气得七窍生烟，问道："这对联是谁送的？"护卫说："是护城军早晨巡逻时，从正阳门祠堂前揭下来的"。只见那副对联上写着："忠义孝悌礼仪廉；一二三四五六七"。上联缺"耻"，下联无"八"。这分明是在影射洪承畴是无耻的王八，他能不生气吗？祠堂改为观音庙见证了一段历史。

后记：我有幸参与了"巍巍正阳——北京正阳门历史文化展"的筹备工作。2010年，北京市正阳门管理处主任郭豹联系我，告诉我他们正在筹办"巍巍正阳——北京正阳门历史文化展"，这个展览将作为固定展览，长期在正阳门城楼展出，他问我是否收藏有正阳门的老照片。我欣然同意，拿出一批正阳门老照片提供给他。2013年，经过近三年精心筹备的"巍巍正阳——北京正阳门历史文化展"在正阳门城楼正式对社会公众开放。郭主任为了感谢我对展览的支持，将一套《巍巍正阳》图册和1915年正阳门改建照片（清华大学建筑学院藏）电子版文件赠送给我。今天展现的1915年正阳门改建就是这组照片。

蓝天鹤先生的私人相册

彭　雄

　　二十多年前，笔者在成都市二仙庵古玩市场地摊上，偶然发现一大本旧相册，这是华西协合大学蓝天鹤先生的私人相册，里面珍藏老照片一百多幅。其中，有20世纪二三十年代先生学生时代的照片，有40年代先生在美国留学工作时的照片，有先生回华大教学时的照片，也有五六十年代等时期的照片；这里面既有他家人、子女、亲朋，也有他的学生送给他的照片。笔者看着它们常常陷入沉思：它们怎么会流入地摊？"文革"中被抄家？人去后散出？这些泛黄的老照片，看上去遥远却永恒，虽淹没于百年沧桑的岁月里却历久弥新，想必会深深藏在故人的心底。仔细端详这些老照片，仿佛时光穿越，笔者看到了蓝先生学习生活、科研工作的一生。

　　可惜笔者并不了解蓝先生的生平事迹，压在箱底一晃就是二十余年。其间虽说打听过蓝先生的情况，访问过他的学生——两位华西协合大学的学生。当时她们都是八十多岁的老太太了，讲起蓝先生的故事，眼中还充满了兴奋的光芒，她们告诉笔者：蓝天鹤先生是我国生物化学界的先驱者之一，抗战时期曾在美国参加了第一颗原子弹辐射的研究。"蓝先生没有亲生的子女，

图1 蓝天鹤高中毕业时

可能与他在美国研究核辐射有关，他后来抱养了两个孩子。"她们还回忆起40年代在华西坝，蓝先生总是西装革履，风度翩翩。华西协合大学还有一个留洋的郑元瑛教授，上课时打着红色的领带，穿着时髦的高跟鞋，丰采照人。她与蓝先生很早就认识了，也是同乡，关系密切。后来，蓝先生发妻去世后，两人终结秦晋之好，相处和睦，耄耋之年，家庭其乐融融，云云。

但是，笔者仍然没有动笔。后来，机缘巧合，与四川大学校史办的雷文景兄、《华西口腔医学杂志》原编辑王跃先生常在一块喝茶，也常常聊起蓝先生的故事。文景兄正在为华西校友会工作，华西坝资料收集得非常丰富，笔者将相册给他看了，他说："太珍贵了！要好好保存。"笔者想：还是要写点什么吧！这些照片归笔者汉籍文献库所藏，绝非偶然，冥冥之中，或许是蓝先生在天之灵所托吧！

笔者素来喜欢收集蜀中乡邦文献，自清末到民国再到1949年以后的文献、档案、史料，凡在肆中所见，片纸只字，无不庋藏收汇；又常常与蜀中长者长年茶聚聊天，所获心得，珠集寸累，亦蔚为可观，今以拙笔试着写出其中故事，抛砖引玉，还望知情者多多指正。

笔者在收集蓝天鹤先生资料时，发现一个非常特别之处：

图 2 20 世纪 40 年代，蓝天鹤与夫人张玉钿及两个孩子合影。

蓝先生的成长与他的教育背景息息相关，与他出生在荣县这一地方息息相关。荣县本是川南一个偏僻小县，但是清末西方传教士来到这里，修教堂、建医院、办学堂，以宽容、善良、悲悯和博爱之心传播知识，传播文明，润物细无声，静静地影响着这片贫瘠土地以及土地上善良而淳朴的荣县人。

另外，清末荣县出了一名翰林即赵熙（尧生）先生，他做过清末的御史，是蜀中"五老七贤"之一，世称"晚清第一词人"。他办过学校，编修过《荣县志》，对荣县士子影响甚大。清末民国时期，荣县许多名人，都是他的门生，包括龙鸣剑、吴玉章等。

还应该看到，荣县的年轻学子亦得益于清末民初孙中山、吴玉章等进步思想的熏陶以及近代中西文明的剧烈碰撞，亦受到基督教大爱虔诚精神的影响，认识到只有努力学习现代知识才能改变自己命运，因为"一个受高等教育的人是一支燃烧的蜡烛，别的人就会跟着他的光走"。

1911年9月25日荣县首义，建立了中国第一个县级资产阶级革命政权。当时不到二十万人的小县荣县，就有五所初级中学，很多学生读完初中后到成都、重庆报考更高一级的学校，其中相当一部分学生报考了加拿大基督教会英美会办的高中和职业学校，如成都的华西协合高中、仁济护士学校等，毕业后又推荐荣县学弟、学妹报考，因而就读华西协合中等学校的荣

图3 1949年5月31日，"华大哲史系三五级毕业摄影"。前排左七为蓝天鹤、左八为方叔轩校长、右五蒙文通、右六罗忠恕。蓝先生给该级毕业生题词写道："我们研究学问，不但要有科学的精神，还要有崇高的修养，不要以你目前所学所得而满足，因为学问是无止境的。"

图4 蓝天鹤先生与夫人张玉钿教授中
年时期合影。

县学子较多。而这些荣县的学子高中毕业后，又大都报考华西
协合大学的文、理、医、牙等学院。据不完全统计，荣县籍学
生在华西协合大学毕业或工作的有周士怡（1935年文学院毕业）、
郑元璜（1932年理学院毕业）、蓝锦祥（1939年药学系毕业）、
蓝凤祥（1938年医学院毕业）、蓝天鹤、蓝建玲、蓝骈祥（任
职教务处），等等。

　　据《四川基督教》记载，在中国内地传教的有五个差会：

美以美会（卫理会）、浸礼会、公谊会、圣公会、英美会又称
中华基督教会。光绪二十年（1894），荣县最早就纳入加拿大
中华基督教会的教区。从 1879 年至 1881 年，英美会美国传教
士李梦到成都传教之后，又在乐山、仁寿、自贡、重庆、泸州、
忠县、涪陵、荣县等地建立了十个教会区。据《荣县志》记载：
光绪三十一年（1905），"西人修教堂，逼文庙，群士争之，
乃改定清富山"。

　　光绪三十四年（1908），教会创办了荣县私立华英小学堂，
这正是蓝天鹤先生读书的学校。1913 年，英美会又在荣县城北
清富山教堂附近建造了荣县福音医院，后改名荣县仁济医院（成
都市二医院过去也叫仁济医院，为加拿大人启尔德创办），这

图 5　20 世纪 40 年代末，蓝天鹤任华西协合大学教授、生物化学教研室
主任时与同事在华大校园合影。前排左三为蓝天鹤。

图6 荣县仁济医院。摄于1914年。1913年加拿大人康德昭在清富山北麓亲自督工修建医院，1914年完工，整个医院均为玻璃窗和白色墙壁，房屋外观为青砖墨瓦，红色柱子非常醒目，约一百间、六十余张病床，可算是当年荣县最宏伟的建筑。

是荣县当时唯一的西医医院。

蓝天鹤，字瑞祥，号见东，1903年9月1日生于四川荣县。他在私立华英小学和初中毕业后，到成都华西协合中学读高中，1926年毕业。后考入山东齐鲁大学，1929年转入燕京大学化学系，1930年毕业后受聘华西协合大学，1933年入北平协和医学院读研究生。1934年在北平协和医学院著名生物化学家吴宪教授指导下，从事营养学研究。

1937年全面抗战爆发，南京中央大学医学院、金陵大学、金陵女子文理学院、齐鲁大学、燕京大学等迁至华西坝，四川高等教育进入繁荣时期，各种思想之碰撞，各种学术之交流，各种文化讲座，应接不暇，华西协合大学请来国内外知名学者讲演，还开专题辩论会，礼堂坐满听众，报社亦到会采访，可谓盛况空前。

1940年，华西协合大学启真道院长争取到美国洛克菲勒奖学金，送蓝天鹤、白英才、杨嘉良等一批俊才出国深造。启真道是启尔德与启希贤的长子。白英才1945年回国后，任华大医学系主任，1946—1950年任华西医院院长；杨嘉良后来成为我国著名泌尿外科专家；蓝天鹤在美国罗切斯特大学学习生物化学，1943年获得哲学博士学位。后任罗彻斯特大学生物化学系副教授、教授，在肿瘤细胞核及铀的生物化学研究方面颇有建树。蓝天鹤在美国参加原子能研究，担任美国曼哈顿原子能计划工程医学部高级生化专家组副主任，成为国际肿瘤研究基金委员会研究员、美国纽约州科学院会员。他在美国《生物化学杂志》《科学杂志》《肿瘤研究杂志》发表了许多论文，在国际上有着重要影响。

1946年底蓝天鹤回国后，在华西协合大学创办了我国第一个生物化学研究所并任所长。《中兴日报》民国三十七年（1948）八月十一日以"研究原子能——华大设生物化学实验室已着手研究辐射等部门"为题报道。

　　本报成都二十七日发专电：华西大学医学院教授蓝见东博士，前在美国参加原子弹试验工作将四年。蓝氏去岁返华后，即主持该校生物化学系，并随身携回大量最新实验仪器，筹设该生物化学实验室一所，现已装备完竣，邀请本市各界参观。据蓝氏谈："今后科学日益发展，将进入原子能世界，斯时之国际地位如何，即视其国家科学之进度如何而决定，中国欲求跻于世界强国之林，实应从科学研究着手，此即该实验室创设之主旨，望从此而得到中

图7 20世纪40年代中期，蓝天鹤在美国
一湖边留影。他在照片后面写道："这不是老太
爷的风度，仍然是一个老中学毕业生的样子！"

国全体科学家之协助，进而集中精力，致力于原子能之深究，
以达成中国之国防化学理论。"该室主要研究对象为辐射
化学，辐射生物化学，组织化学，毒瘤生物化学，食物分析，
病理食物及营养化学等部门。现已开始研究者有毒瘤生物
化学等。待滞留在沪之仪器运到后，即着手于辐射等部门。
该室现有教授五名，皆大学化学系毕业。在商得教育部及

卫生署同意后，若经济充裕，能多增设仪器，拟于暑期招收研究生二十名。

1948年，蓝天鹤教授主持下之生物化学研究所在教育部正式准于立案。

成都《新新新闻》报民国三十七年（1948）八月二十日报道：

（又讯）蓝天鹤教授主持下之生物化学研究所，顷已获教育部正式复文准于立案，其研究部门系分生理化学、病理化学及食物化学三部。其中关于毒□疗治，辐射生理设有专题研究。其仪器设备系蓝氏自美国返国时，美方及加拿大所捐助，有每分钟旋转一万次之高速离心机，及测

图8 20世纪40年代，蓝天鹤先生（左）在美国从事研究工作时与华西协合大学牙科宋儒耀先生合影。

图9 20世纪40年代，蓝天鹤任华西协合大学教授、生物化学教研室主任时与华大生化研究所成员和学生在启德堂合影。二排右一为蓝天鹤。

量千分一之精微大平克氏电瓦色仪器，剑桥型陵度测量器等价值约二万余美金。其中多种尤为举国所无，至于维持该所之经费除原有外其余皆蓝氏于英讲学时所得。

蓝天鹤担任华大募集委员会总干事期间，共募集基金法币三十亿元，他与华大校产部苏维廉先生出席高利民先生捐赠祖产三百零二亩给华西大学的接受仪式，傅葆琛、杨佑之、蓝天鹤等教授祝词。后经蓝先生努力，华大生物化学研究所成立。

1948年，蓝天鹤担任华大教务长兼学校三青团总干事。

1949年解放军入成都前，蓝天鹤应聘去国外工作，并已得

图10　蓝天鹤在华大生化研究所实验室。

到出国的飞机票,但蓝先生不愿离开他的华大,他的生化研究所。于是他毅然改变主意,决定留校继续任教。

　　1950年,当时二野十八军许多进藏官兵在途中患上多种高山疾病和坏血病,贺龙指示西南军区后勤卫生部钱信忠负责解决,钱找到蓝天鹤和他的助手徐仲吕,他们组成调查组做了大量的研究调查工作,在道孚一带发现了一种野生植物名为醋柳的黄色果实,采回去研究,发现其含有非常丰富的维生素C,对预防和治疗坏血病有特殊的作用。回来后,西南军区后勤卫生部特别为蓝教授他们发了一份表彰信,感谢西康卫生工作研究组全体同志,以表彰他们为部队进藏做出的贡献,并赠发纪念章一枚,以示纪念。

　　此外,蓝天鹤对黄连、鸦胆子等中药的结晶分析,对黄豆、鸡蛋及肉类蛋白生理价值的研究，均获成果。蓝天鹤著有《毒气检验法》，撰有《鸦胆子晶体提取》《维生素 C 与结核》《肿瘤细胞粒系统研究》等论文。

1952 年院系调整后，华西协合大学不再是综合大学，转变成为一所多专业的高等医药院校。

1953 年 10 月 6 日，中央卫生部决定将华西大学更名四川医学院。1954 年后，蓝天鹤历任四川医学院教授、生物化学教研室主任，继续从事生物化学的研究和教学工作。同时期加入民主党派九三学社。1957 年 4 月，中共中央发出《关于整风运动的指示》，四川医学院从 5 月开始，全校动员大鸣大放，一

图 11 20 世纪 40 年代末，蓝天鹤任华西协合大学教授、生物化学教研室主任时与同事在华大校园合影。前排右二是蓝天鹤。

周后大字报铺天盖地，学院曾一度停课整风。

在四川医学院"反右"斗争中，一大批教授学生被错划为"右派"，蓝天鹤因有"历史问题"又有"错误言论"，受到严厉的批判和处理并下放劳动。当时他依然保持着科学家的思维和立场，坚持"教授治校"理念。在大学是"党员干部治校"还是"教授治校"的讨论中，他提出在知识分子中发展党员的理念，既保证了党的领导，又发挥知识分子在治校中的科学和学术作用。不久被划定为"右派""历史反革命"。

图 12 蓝天鹤任华西协合大学教授、生物化学教研室主任时，与同事在华西大学化学楼（苏道璞纪念堂）前合影。前排左起依次为：蓝天鹤、郑集、彭荣华。

图 13　蓝天鹤在校园参加劳动。

　　"文革"中,蓝天鹤先生被戴上"特务""历史反革命"等帽子,被作为"双料货"对待。据蓝天鹤孙女娟娟回忆:"抄家大概有三次,第一、二次我都在场。因为抄家,爷爷奶奶担心我害怕而因此受影响(那时七岁多),就把我送到成都的亲戚家暂住,后因为亲戚家也被抄家,无法暂住了,连夜送回光明路老八号,结果进门正赶上抄家,爷爷奶奶就对妈妈说:你能把她送到哪里就送到哪里吧!这样我被送到三台县农村的亲戚家暂住了三个多月。真是往事不堪回首啊!"

　　1978 年,蓝天鹤先生得以平反,恢复工作。

图 14　蓝天鹤与夫人张玉钿教授老年时合影。

　　1985 年，华西医科大学基础医学系举行茶话会，庆祝生物化学教授蓝天鹤执教五十五周年及八十寿辰。1986 年，蓝天鹤同志加入了中国共产党。1989 年，蓝天鹤同志被组织评为学校优秀共产党员。

　　据王跃先生回忆："20 世纪 80 年代，我经常看到蓝天鹤先生拄着拐杖，战战兢兢到光明路茶铺去喝茶，他最爱吃的是奶油蛋糕，我劝他少吃点，对老年人身体不好。"雷文景兄接过话题继续说道："蓝天鹤先生 50 年代住在华西附二院后面英明路（后来叫校西路）的一栋教授院里，他家后院围墙外隔着一条小河就是公行道，公行道 5 号住着耀华餐厅的赵志诚总经理，蓝夫人常常将一根长竹竿伸过去，上面系着钱，喊道：'赵老板，下班帮我带点蛋糕回来。'赵经理下班回来后，就在河对面喊道：'蓝夫人，接着，蛋糕来了。'于是耀华的蛋糕拴在竹竿尖的绳子上像被钓的鱼越过小溪和围墙。现在此小溪已加盖了预制板，不复存在了。"

1991 年 11 月 23 日，蓝天鹤先生因病逝世，他的离世是我国生物化学界的一大损失。

图15　蓝天鹤夫人张玉钿教授青年时的照片。

蓝天鹤先生的夫人张玉钿（1908—1980），四川乐山人。1934 年华西协合大学化学系毕业，1935 年在北平协和医学院研修营养学，回校后任讲师。1947 年任副教授、代理化学系主任。1947 年赴加拿大麦吉尔大学进修。1949 年回国后加入华大生物化学研究所工作，仟教授兼生化科主任。张玉钿教授著有《成都菜蔬水果维他命丙之分析》《肝功能试法之研究》《血色蛋白之含量》《肝糖元累积病》《当归对小白鼠肝脏及子宫代谢的影响》等论文，讲课井井有条。因心直口快，使她 1957 年也遭遇不白之冤，夫妻同难。1978 年获得平反，不久去世，享年七十二岁。

郑元瑛教授（1909—2003），1932 年华西协合大学理学院化学系毕业，1938 年燕京大学有机化学专业毕业，获化学硕士学位。1941 年赴加拿大多伦多大学家政系进修。1944 年取得美国康奈尔大学营养学院博士学位，回国后任华西协合大学家政系、营保系教授兼系主任等职，后来加入华大生物研究所。

图16 蓝天鹤与家人的合影。左起依次为：兄长蓝燧祥、燧祥长女蓝家清、儿子蓝家督、蓝家清女儿和蓝天鹤。

1953年院系调整后，任医学院营养系主任，1954年4月医院营养科成立时兼任科主任，在学校开设营养卫生的教学、科研，在医院为病人加强营养，配合治疗、康复中都发挥了重要作用。

郑元瑛教授晚年与蓝天鹤结合后，两人相互关爱备至，一直陪伴蓝天鹤先生走完了最后一段人生之路。

合上厚厚的旧相册，仿佛合上一段波谲云诡的历史，如果你仔细倾听，或许，相册中的灵魂会因此而复活。

诗梦绕藤花

——家父王君华的艺涯与交谊

王家栋

2022年2月4日（壬寅正月初四），青岛市美术馆为藤花书屋的传承，作了历时一个半月的展览，题目就叫"诗梦绕藤花"，这里算是借名一用吧！

藤花书屋是父亲王君华（1916—1992）的斋号，是当年父亲的恩师孙沾群老先生所赐，出自位于湖南路老宅子父亲书房

图1 父母1945年的合影。

图 2　父亲年轻时于藤花书屋。

的窗外，一架通往后院主楼盛开的藤萝花。

父亲少时受教于家庭教师、诸城乡人刘公孚先生。公孚先生是刘石庵后裔，诗词歌赋琴棋书画无所不能。近冠，拜孙沾群先生为师，不久老师便认定此生可教，原因是父亲学绘事无一不是十分的认真，百分的勤敏，万分的讲究。纸要用安徽真宣，墨需用胡开文专营，印必用入谱石章且名家所治，笔多是李福寿所造，颜色是老姜思序堂或上海中华书局监制，就连盛颜料的小盏也是清一色同治细瓷餐具挪来所用。记忆中父亲的印泥有四五种，朱砂、朱红、大红、紫红等，按画面所需盖上增色而不夺目的印章。

数年后，孙老师主动介绍了同在其门下主攻花鸟写意的画家李苦禅先生继续教授父亲，故才有后来父亲称苦禅老为老师，苦禅老必回学弟一事。画家文人之谦恭往来、真情交谊历历在目，令后辈记忆至深。

20世纪40年代初，父亲便与孙老师、苦禅老师分别同（个）展于青岛市中山路亚西亚（后为广告美术公司）楼下，当时展出作品多不装裱，展览的同时即可销售，有意者将名

图3　家父画作家母诗

片别在作品上，撤展时购者付款取走。父亲数张画作被搁名片，其中不乏熟识之人，父亲自己取回请人装裱后，再附信使侍人送于府上，谢不收费。我亦常听父亲说：艺事陶人性情，交谊同好，以此糊口难且不说，画品亦不易升华。80年代之后市面上出现了一些标有价格的父亲的画，父亲听说后平静地说："没点难事谁能卖画，就算是帮人个忙也是好事。"

曾听父亲说：琴棋书画诗词歌赋，文人皆能操持一二，但能其一二者不一定是位文人……每每想起，受教颇深。

儿时见过父亲登台，在《甘露寺》中饰乔玄，在《苏武

图4 张伯驹老夫妇唱京剧，父亲操琴。

牧羊》中饰苏武，在《四进士》饰宋世杰，在《空城计》中饰鲁肃等，我也穿过父亲的靴子，耍过苏武手持的节，戴过鲁肃的髯口，乔玄的"满"和蟒袍实在撑不起来。直到现在，我还按时操弄几下父亲留下的由徐兰沅监制的胡琴。睹物思人，最大的追求和愿望就是能成为一位像父亲说的那样的文人。

1949年后，父亲先后任市文联国画研究会画家、逸仙书画社副社长等。1984年日本编印出版的《中国现代书画篆刻家名鉴》一书中，对父亲有详细介绍。父亲曾应邀为北京大学建校九十周年创作《花开九百岁 实结三千年》大幅写意画，曾为中国驻联合国教科文组织代表团书特大对联"先天下之忧而忧 后天下之乐而乐"，曾多次应北京大学等单位的书画研究会之邀请举行专题讲座。1989年，应邀为天安门城楼创作两件巨幅花鸟写

图5 父亲与张伯驹、潘素、宋振庭、吴素秋、许化夷。

图6 父亲母亲与李苦禅夫妇。

意画，并编入《天安门藏画集》；亦有作品展藏于其他国家级场所。其生平被诸如《中国当代文艺名人》（北京大学出版社出版）等多部辞典收入。

以文会友，是藤花书屋的传统。唱之和之不仅仅是笔墨丹青诗词歌赋，还有挥毫之后的操琴高歌。即便是在三代同居一室的特殊时期，只要条件允许，高朋满座亦是经常之事。前辈们的博识、谦和，那种文人特有的幽默和气度，至今常常显现在眼前，真真学习的榜样。

"朋友四方曰达，万世永赖曰寿"，观先人朱痕墨迹似闻当年的欢声笑语，安能不谓之寿焉。

家父是藤花书屋主人，尤喜画藤，家母亦曾赋诗咏之，这也是父亲最喜欢题写藤萝画作的诗句，诗为："紫藤花蔓万千朵，

图7　父亲和宋振庭观许麟庐作画。

图8 家父画作李苦禅题。

璎珞迎风交铁柯。忍教落花流水去，移来纸上更情多。"

我算传人亦咏之，且刻于石上："家严画藤萱堂诗，谐如琴瑟乐逾痴。墨香笔趣藤花绕，我添一味诗上石。"

藤花书屋是青岛一个普通人家之斋号，家父始用，吾辈习而延之。笔墨丹青陶情养性，皮黄管弦舒怀乐心。拒功利世故于身外，绝是非俗意于千里。读书治学，守诚安分，友会常欢，此斋之风，一以贯之。

别舒琪

张聿温

5月1日晚，忽接老同学王统微信："我从传芝那里得到信息，我们要好的同学赵舒琪走了，真是令人震惊令人惋惜。"我猝然一惊，忙问"什么时候的事"，他说是"最近的事"，于是我再也无话。这是今年以来第二个同学辞世的噩耗，默然半天，泪水便不自觉地溢了出来。

舒琪是我淄博五中六年的同班同学。她留给我的印象永远是文质彬彬的 "淑女"模样。她和人说话，或交代什么事，永远是柔和的，轻声细语，慢条斯理，很有礼貌，对此我只能用"优雅"来形容。我从没见她和谁高声嚷嚷过，打闹过，也从没见她和谁闹过别扭，怄过气。她学习认真，听话，成绩也好，又团结同学，就像老师们还有女生们人见人爱的一只"小猫咪"。她应该是班干部吧，应该是的，但具体职责，六十年了，我已记不清了。总之我想说的是，她的教养和人缘，是无可挑剔的。

舒琪的性格和人品，我感觉很大程度上是受模范教师母亲的遗传和影响。记忆中"文革"前张店二马路照相馆的橱窗里，陈列着一尺见方的工农兵代表人物肖像。其中一位中年小学女教师，面容慈祥，戴副金边眼镜，头发梳得一丝不乱，胸前挂着奖章，就是舒琪的母亲。舒琪的家庭状况我并不知晓，但只知道她是铁路上的，一次她约请几位同学到家中做客，我跟着去了，她母亲热情接待了我们，给了一番谆谆教诲。那大意至今还记得，五中是所红色名校，有光荣的革命传统。在五中要好好读书，走"又红又专"的道路，将来成为国家和社会栋梁。而照相馆橱窗的那张照片，就在她家中挂着，只是小了些罢了。

那时候的同学关系，包括男女关系，纯洁如雪。大家都心无旁骛，埋头读书。我们一个个似乎都住在象牙塔里，美美地做着大学梦。直到疾风暴雨的政治运动来了，把梦击得粉碎。运动中，我们的同学人人都在变，不变也得变，由"两耳不闻窗外事，一心只读圣贤书"变成"风声雨声读书声，声声入耳；

图1 1968年，班级部分同学合影。二排右三是舒琪，二排左一是作者。

家事国事天下事，事事关心"，由单纯变得复杂，由文弱变得强硬，由文明变得野蛮，由亲密变得隔膜。运动中山头林立，派性发作，许多同学来无踪、去无影，最后不知所终。

1968年7月，班内我们二十个关系要好的同学照了张高中毕业照（见图1），其中就有舒琪。现今保留的老照片上，清晰地印着两行字："海内存知己 天涯若比邻"，那是时代的印记。但见第二排的舒琪扎着一对普通寻常的短刷子，着洁净的白色上衣，一副青春靓丽、纯真活泼的样子，非常可爱。可当年芳踪，如今何处去觅，阴阳两隔，能不泪雨断肠！

现在回忆，照过毕业照后，就真的是"海内存知己，天涯若比邻"了。同学们下乡的下乡，回乡的回乡，就业的就业，待分配的待分配，一个个都成了"过河的泥菩萨——自身难保"，一个个渺无音讯互不相闻就成常态了。失落迷茫的一代人挂在嘴上的说法："我们是玻璃罩里的苍蝇，前途光明，没有出路。"我在农村干了两年半，1970年底入伍，到了武汉军区空军。那时我和在济南军区部队、高我两级的学兄李思章有频繁的书信联系，也在薛城和北京见过面，他告诉我，舒琪到济南上了山东医学院。其他，就一概不知了。

待到再和舒琪取得联系，已经是2001年了。那时她是三马路（今金晶大道）上淄博铁路医院的院长，事业有成，风光无限。我找上门去，虽然三十年未见，但同学情谊在焉，一点也感觉不出生疏和淡漠。我是请她帮忙来的，我父亲脸上长了一个小瘤子，家中正为手术与否拿不定主意，因为医生意见也不一致。她一听当即表示：我可以给你安排床位，但能不能做手术，得听医生的。她喊来外科王主任。王主任是军队转业干部，桓台人，远在福州军区总医院时就是远近闻名的"一把刀"。

他一听我是空军的，自然多了一分亲切，二话不说，陪我骑上自行车直奔十里之外的家中，实际察看父亲的病情。他看后当机立断："手术可以做，我来做。你明天下午住进病房，我明天去博山开会，如果下班前能赶回来，就接着做，如赶不回来，就后天一早做。"结果，第二天父亲顺利住院，幸运的是，王主任下班前赶回来了，于是当即做了手术，手术做得很顺利。为此，我感念舒琪，如果不是她的安排，在医院床位紧张、入院后过于细致繁多的各项检查又叫人无可奈何的情况下，父亲的住院和手术不可能如此顺利！过后，我请舒琪夫妇和王主任夫妇吃了个饭，开了瓶茅台。那是我的一片真诚道谢和真心告白。也是那次吃饭，我才了解到，舒琪的爱人姓邵，上海人，年长她几岁，是老大学生，喜欢打乒乓球。过后，我还真的约他打了一次球，是在张店火车站前面西北角的一个场地内。他打得可真好，步法灵活，挥拍潇洒，落点准确，攻守兼备，一看就是受过正规训练的。而我，"游击队"出身，一场球下来，除了靠偷袭偶尔得手之外，其余都不堪一击，一败涂地。也是今天刚刚从同学微信中得知，去年舒琪爱人的去世对她打击很大。实在不明白，邵大哥那样棒的身体，怎么会先去了呢？真令人意想不到，进而唏嘘不已。

我在部队退休后，由于母亲健在，回家探母的机会多起来了，和舒琪等老同学见面的机会也多起来了。好像已是不成文的规定，春节后某一天是同学聚会的日子，雷打不动。我参加过几次，舒琪还是温文尔雅的样子，而且着装得体，仪态万方。再后来，有了微信，我们既入了群，又是一对一的好友。她的微信标识是一束盛开的葵花，金灿灿的，向阳而开，朝气蓬勃，很醒目。可如今，葵花枯萎了，凋零了……

图2 1968年，赵舒琪（后排右二）与班里的女生合影。

微信的信息是可以永久保存的，打开和舒琪一对一的微信聊天，我发现保留的起止日期是2020年9月30日至2021年5月13日。此后，我给她发过几条信息，都石沉大海。不回肯定是有原因的，可我也没有打电话询问究竟。如今唯有惶惑和遗憾了！

翻检过往的微信，我开始回忆：2020年11月间，我先后发给她我作词的《飞的信仰》《天空有我》《我心飞翔》几首歌的视频，她一并回信点赞了。2021年新年，我们互致祝贺，虽然寥寥数字，但一片挚情。不几天，她给我来电话，请我给她喜欢创作武侠小说的侄子，为他的日后发展包括考研寻找导师出谋划策，同时发来几篇侄子的作品。看得出，她对下一代成长成才的殷切关爱和由衷期望。我不敢怠慢，立即联系了在北京电影学院当教师（本身也是作家）的同事的孩子，以及在上海师范大学当教授的朋友，询问的结果是规定不许办这样的辅导班，也没有这个专业，找不到这方面的导师。我在十天之内告诉了她这个令人遗憾的结果，她回信表示了理解，还一再表示感谢。2021年5月9日，母亲节，我给她发去一个视频，她回了个"抱拳"的表情和"三朵玫瑰"。没有想到，这个表情竟为永诀，此后再无消息。

2022年3月19日上午，我把《我们的荣光——淄博五中校歌》发给了她。4月20日，我又把《老兵·老记·老料·老味道——公众号"天蓝色印记"开张告白》发给了她，意在和她交流分享，增加一点精神慰藉，但均无回音。我有点木讷，并没有多想，也没有多问。疫情把人搞得麻木了。眼下斯人已逝，香消玉殒，我仅想从她亲人那里得知，她最后是什么情况，走得安详吗，听校歌了吗？我总觉得她重病之中、临终之际，一定喃喃地默默地念叨着她的同学们，念叨着她的五中。因为她和五中的同学们，五中的同学们和她，彼此之间感情实在太深了！

舒琪，独自远行，一路走好！

战争年月的童年

徐义亨

2008年1月16日傍晚，我和妻子乘火车途经福建三元（今三明市）时，独自伫立在站台上，凝望着远处的麒麟山思绪万千，抗战期间的童年生活和幼年顽态瞬间浮动在我的脑海里，我这辈子的记忆就是从这里开始的。感叹之余给儿子发了一条短信，儿子随即给我回复："老爸，待我有空专程驾车陪你去三明。"时间又过去十年之多，其间儿子常问我打算何时去三明，而我总犹豫不决。

人们难以释怀的旧地不仅仅是一个地址和空间，它是有记忆与视觉作凭证的，即便是一幢旧屋、一池绿水、一棵大树，否则何以与眼前的景象相认？抗战胜利后离开三元已有七十多年的时间，过去在麒麟山下的住家乃至父亲当年任职的江苏学院（一所战争年代由第三战区开办的流亡大学，旨在收容沦陷区不甘做亡国奴而纷纷走向抗战后方的爱国青年）的旧址早已不复存在，重返故地还能寻找到什么？于是这久久的愿望终究被我放弃。

抗战时期，生活十分艰苦，但我的父母亲坚持每年给我们拍一次照，一设三份，并由父亲在相片的背面注释。今天我已

图1 1940年我和我的兄、姐摄于福建三元。

到了耄耋之年，时光老去，总会让人遗忘些什么。而那些精心收藏的照片，却定格住不愿丢失的记忆，承载着对往事的莫大渴求，和那些故事在一起，被尘封着。偶尔有一天，相册不经意被打开，曾经的快乐乃至不愿诉说的旧事……一切的一切，让回忆汹涌而至。

抗战期间，这穷乡僻壤的内地，虽然没有被日本人侵占，生活却十分困苦。历史上曾有一首打油诗是这样描绘三元：

小小三元县，三家豆腐店；
城里磨豆腐，城外听得见。

　　江苏学院为解决教职员工子女的读书问题，用一座平时不
用的礼堂再加几间小屋办了一座附属小学，才四岁多的我便开
始跟随兄姐上学了。附小只有两位专职女教师，一位姓林，一
位姓郑，她们与各自的母亲和我们家同住在麒麟山下一座年久
失修的祠堂里。也有在读的大学生在附小勤工俭学兼任授课老
师的，其中有 1946 届行政管理系的张蘅芗老师。她有一次被毒
蛇咬了，病情十分危急，在缺医少药的年代，是父亲给她医治

图2　这是我一周岁时（1941年）
获得福建三元县第一届儿童健康比
赛第一名时的留影，头上的那顶偏
大的帽子是获奖的奖品。

图3　小时候我们兄弟姐三人，
姐姐最受父亲的宠爱，日本飞机轰炸
时，父亲总是用自己的身体掩护着姐
姐。

图4　我们兄姐弟三人于抗战胜利前夕摄于三元。

好的，故和我们家的关系就十分密切。1957年，已在上海市二女中任教的她和丈夫还专程来上海金山看望父亲。

回想起天性贪玩的童年，几乎没有现在孩子那习以为常的任何玩具，能朦朦胧胧想起来的就是和姐姐上麒麟山采野花和在池塘边捕捉苇叶上的嫩蜻蜓。玩耍时我曾闯过两次祸，一次用竹竿把屋檐下的马蜂窝给捅了，满脸被蜂蜇得我大哭；一次掉进池塘里，吓得姐姐直呼"救命"，幸好是父亲的同事周宪文先生就住在祠堂边，闻声把我救起来的。抗战胜利后学校复员，周先生回到了台湾，再也没有过他的消息。

在三元的日子里，我们兄姐弟三人的衣服和毛衣都是母亲一手缝制编织的，头发也是母亲理的，乃至平时的零食（如小麻花、方糕乃至中秋月饼等）都是母亲亲自制作的，让我们在战争年月里不失体面地度过童年生活。

1931年：武汉水灾掠影

许大昕

1931年，民国二十年，中国又一次陷入水患之中——从5月开始下雨，到6月，到7月，从春雨到夏雨，下个不停，有时似停又下，有时雨水如注，大灾来临前的不祥预兆让人恐惧莫名。在人们一次次看天叹息中，渐渐地，长江、黄河、淮河乃至它们的支流都灌满了水，还没反应过来，洪水，已猛虎下山般越过乡村，冲垮堤坝，涌入城市，扫平低矮的房屋，掠过哭喊的人群，所过之处，一片汪洋……灾难蓄谋已久，泼向中国的大地，后据《中国近代十大灾荒》统计，水灾波及中国二十多个省份，"堪称是民族大灾难"。当时的武汉，受灾极其严重，"武汉全镇，竟至覆灭""鄂渚之三镇，昔日繁华，顿成泽国"的"空前未闻之大浩劫"，受灾时间之长，损失之惨重，超乎想象。

据史料记载，1931年7月以来，武汉已经连续强降雨十多天。天灾无情，又加之连年内战，国库亏空，防范不当，国民政府官员抗灾不力，到了8月，各地堤防告急，汉口、武昌、汉阳都被洪水淹没，武汉三镇被泡在水中，有些地方长达百天。洪水肆虐不休，一直到9月，这期间："8月14日，有报道说，

图1 一条黑狗被洪水逼在了济生马路的一片民房的屋顶,无助地张望着。洪水来时,它拼命逃窜,它也许是被水追着从屋顶主人砸开的那个洞爬到了上边。它也许会被划来的小船救走,也许拍过照之后,它在另一片绝望笼罩的黑暗中死去……

图2 济生马路上倒塌的民房。高高的电线杆,现在矗立在照片中央,显得很短很矮。杂乱与破败,在洪水渐渐退去时狼狈仓皇地显露出来。有位妇人,正在收拾衣物,她陷入这片凌乱不堪中,衣衫褴褛。

在武汉三镇已经有七十万难民……据说政府正在考虑要疏散人口的问题，并且派了几条轮船，专门疏散人口和运送难民。"当时有报道说，光是在湖北省就有四百万座房屋被毁尽，在汉口城内就有八千人被淹死，后来的报道宣称，汉口的状况非常糟糕，主要是安葬尸体和安置难民这两件事非常困难，所有的街道运输都不得不用舢板和其他船只来代替，然而，幸运的是，洪水的水位已经开始下降。"（见《遗失在西方的中国史——〈伦敦新闻画报〉记录的民国 1926—1949》，北京时代华文书局 2016 年版）。

灾情之后，政府部门和各界人士对抗灾救援做了一些努

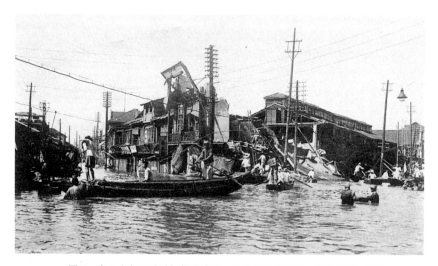

图 3 武汉大智门附近坍塌的旅馆。电线横割了天空，苍天垂泪。曾经，这家旅店前人来人往，熙熙攘攘，现在却是船来船往。人们似乎是路过，又仿佛是从旅店里找寻物资，迅速逃离。过腰的水，冰凉沁入水中行走的人。可是，画面依然是安静的，没有人声，没有人说话。

力——以当时的国力，相较于灾情的严重损失，也只能说是一点绵薄之力。1931年8月28日，蒋介石乘坐军舰视察武汉各个溃口，30日，发表《告鄂水灾被难同胞书》。政府颁布政令，将此次水灾定为"国难"，并命令各党部机关积极支持救灾，如节约、捐薪、严惩救灾不力的官员等。

面对巨大的灾情，国民政府紧急成立了救济水灾委员会，总会设在上海，为便于受灾严重的武汉的赈灾事宜，又专门在武汉设立了分会。宋子文出任委员长，由中央统一部署赈灾事宜，广为募捐，群策群力，社会各界及国际友好人士都给予了各项人道主义援助。据统计，救济水灾委员会从国内、国外总共筹

图4 法租界的明星大戏院。薄暮时分，这异国风调的躯体被浸泡于水中。晚风吹皱门前的这汪水。渐行渐远的小船，苍翠的树影。一日日地暴雨雷电的袭击，它，还在，那里的戏文、唱腔、才子、佳人、华采……也就还在。在这个傍晚，都突然地静穆下来……

图5 这平常的街景，阳光很刺眼。远处木楼上晒着的衣服，路两旁的棚子堆放着杂物，近处过街木板上行人正在礼让……这无不让人感到生活还在继续——似乎，这只是一场平常的雨下过之后。

图6 洪水淹没了济生马路一层的店面。这座欧式风格的建筑，见证了暴雨洪水的猖狂，一如它见证了老武汉的繁华。这座城几起几落，它们是忠实的守护者，也是城市沧桑与风华的体现者。

集到救灾物资七千万元左右，并由中央政府统筹安排，将救济款运用于办粥厂、办收容所，为灾民提供免费食物及医疗物资等。维持灾民正常生活的物资如衣物、被褥、帐篷等，也源源不断运到灾区。公职人员也响应政府号召，"捐薪助赈"，救助灾区。"大灾之后，必有大疫"，对此，卫生署署长刘瑞恒担任救济水灾委员会下属的卫生防疫组主任，一方面筹集防疫药物，另一方面积极组织专业医疗人员前往灾区注射诊疗，有效防止了疫情传播。

图7 水灾后的汉口江汉关大楼。江汉关大楼建成于1924年1月，是中国现存最早的三座海关大楼之一。英国古典主义建筑风格，庄重典雅。坐南朝北，毗邻长江，总高度45.85米，是当时武汉最高的建筑。"江汉关钟楼呈对称布局，两侧与正立面墙体间呈92°夹角，与背面墙体呈90°夹角。大楼设计考虑了长江水位对建筑的影响，其基础高于长江平均洪水位标高。"这段记载，似乎可以解释为什么遭逢1931年水灾之后，江汉关还能挺立依旧。人们穿行于挺立依旧的江汉关前，似乎找到了某种安慰。

　　民间慈善团体也在救灾中发挥了重要作用。如当时秉持人道主义的中国红十字会，在水灾发生后迅速向灾区派驻医疗人员，做了大量救治和防疫工作。《申报》《益世报》等报刊也奔走在水灾一线，实时传播，呼吁各界的救助和支援，等等。为有效赈灾，救济水灾委员会专设特科，与民间团体联络，共同推进多项工作。

　　1931年的这组照片，再现了当年武汉水灾真实的场景，一

图8　阳光正足，这座欧式洋楼里，二楼的主人正悠闲地斜倚栏杆——应该说如此大灾对于居住在楼里的富人，并无太大影响，就是出行麻烦地些。眼前的这只小木船，除了划桨的人，后边还有推船的人，他们如此艰难地在水上划行，这位妇人正木然地望着远处……

图 12 "中山路水塔跟"。一块块牌子"大中华日夜照相""钟表眼镜"等，在阳光下格外刺眼，不知几时能够恢复营业，恢复往日的繁华。水面已经退到人的腰以下，人力车可以用了，车上车下，
两个阶层。

图 11　水灾后的汉口江汉关大楼。江汉关大楼建成于 1924 年 1 月，是中国现存最早的三座海关大楼之一。英国古典主义建筑风格，庄重典雅。坐南朝北，毗邻长江，总高度 45.85 米，是当

图 10 这张照片远景是著名的大智门火车站。大智门火车站又名京汉火车站，建于 1903 年，是"中国第一条长距离准轨铁路的南端终点大型车站"，法式建筑风格。近景和中景人来人往，或划船，或行走于木板上。此时水位已明显下降。街面上已经有些热闹的气氛。

图9　"蝟集汉口西商马场口之灾民　二十年八月廿八日"。可见，沿街住户搭篷居住。马路中央，行人或蹚水而行，或乘坐小船。有个近处的小孩赤裸上身，好似在向船上戴帽子的男子乞讨。

图13 沿街的欧式洋楼一溜排开，拉深了照片的空间，将观者拉入深远无常的历史和无奈破碎的现实。"新号衣庄"特别触目，又曾是一街的繁华。行人乘船或步行，正常生活正在逐渐恢复。撑船摇桨的人一脸疲惫劳累，坐船的人轻松悠闲。

图14 "太平洋饭店""浙江实业银行""上海服装店"等招牌远远可见，这座爬满脚手架的高楼竟然经受住了暴雨的袭击。 撑船的人、步行的人、坐船的人……闯进镜头的这位行人，脸色黛黑，似笑非笑似哭非哭……

张张翻过，忍不住"长太息以掩涕，哀民生之多艰兮"……这些照片都存在于特殊的静默之中，无声的悲哀，一首无尽的悲凉的曲子，奏响在相片内外。它们有的以武汉市重要的地标建筑为摄影主体，兼及街道场景。有的取景于平民生活区，灾后的平民住在窝棚里艰难熬日。照片的题签慎重标明序号、地点、时间、摄影人等，有种以"图像证史"的意图存在。

照片的摄影语言非常丰富，摄影者调动了最深切的同情和悲悯，水，横亘在照片底部，水上、水边是大灾之后的楼宇、电线、人群、树木……舢板、小船，还有水上搭着供人行走的木板，给人带来唯一的希望，至少借由它们，人们可以逃离，也可以

图15　从照片上看，水位仅仅没过人的膝盖。屋檐下的人们好像在排队等小船出行，有的人短打扮，有的人着礼帽长裤长褂，还有一位着军装者……人们挨挨挤挤，又保持着距离，惊弓之鸟一般，难以打破的沉默弥漫于相片内外。

故作镇定地将生活的秩序维持下去。

罗兰·巴尔特在《明室：摄影札记》中写道："脸的神情是不可分解的。……神情，是一种不同寻常的东西，它是从躯体里诱发出来的灵魂，它是个体的小灵魂。说到底，神情也许是某种精神方面的东西，是这种东西把生命价值的反映带到了脸上？……神情就是伴随着人身的发光的影子。"纵观这十五张照片，但凡有人劫后余生，心有余悸，大家有相似的神情，每一个人的内心都藏着汹涌——也许亲人已经亡故，也许家产早被水卷走，也许饥一顿饱一顿，还得在洪水浸泡的街上讨生活……但是，表现在脸上，却是令人压抑的平静。大悲无声……

灾难无情，人之情义扶助又如此有限。1931年大水，是上天对武汉又一次"天将降大任于斯人也"的惊心动魄、惊天动地的捶打与考验。武汉，却总是能够绝处逢生——看看这些老照片，在沉默与坚忍的人物神情中，在地标建筑的淡然挺立中，似乎可找到些许答案。

韩复榘焦土抗战剪影

赵晓林

韩复榘是个颇具争议的历史人物。1930年至1937年韩复
榘督鲁期间，一方面为增强与南京国民政府分庭抗礼、保持半
独立的实力，截留地方税收，扩充自己的军队；一方面为巩固
个人的统治，捕杀大批共产党员、人民群众，镇压共产党领导
的农民武装暴动，并大力推行"清乡""剿匪""澄清吏治"；
而另一方面，他重视发展地方经济和文化教育事业，推进"乡
村建设""新生活运动"等，推动了山东的经济社会发展。

韩复榘最受人诟病的就是抗日中的表现。

一、炸毁黄河铁桥

其实，韩复榘在弃守济南前，对于日军侵略并非没有做一
点抗争。

抗日战争全面爆发后，韩复榘任第五战区副司令长官兼第
三集团军总司令，负责指挥山东军事，承担黄河防务。这时，
日军沿津浦铁路大举南侵。1937年9月下旬，日军由北平、天
津向南进军，前锋部队不久就抵达了山东德州一带。

10月初，韩复榘奉命将所部的军队全部由胶济线的高密一带调往津浦线。到了这个时候，韩复榘已经无法回避对日作战的问题，在11月上旬，他亲率手枪旅（当时已换成步枪）和朱世勤的特务队，渡过黄河在德州地区迎战日军，与日军进行了一场激烈的战斗。冯玉祥率韩复榘的曹福林二十九师在禹城对日军进行正面抵抗，韩复榘率手枪旅在左翼抵挡日军进攻。这一战，韩复榘可谓实打实地硬碰硬。韩复榘的三个师损失过半，战斗中，蒋介石又临时调走大批炮兵，武器装备的落后导致韩复榘的部队战斗力迅速下降。为了保存实力，韩复榘舍弃了德州，往济南撤退。

　　韩复榘亲率的手枪旅贾本甲团在济南北部济阳县的一个村庄被日军追上并包围，双方激战。韩的卫队长牛耕林阵亡，士兵也伤亡惨重，韩复榘差点被日军俘获，所幸当时他骑一辆摩托车冲出包围圈，一路向南狼狈地逃回济南。

　　11月14日，日军已进发到黄河北岸，占领了鹊山，并血洗了山下村庄。济南城已在日军眼前。这时，韩复榘部队已经全部退守黄河南岸，对于日军的进攻已颇为忌惮。

　　15日，韩复榘下令铁路工程队炸毁泺口黄河铁桥，希望能延缓甚至是阻止日军渡河。而这次炸毁铁桥，也是韩复榘实施"焦土抗战"的第一步。

　　从图1、图2中可以看到，被炸毁的泺口黄河铁桥从中断裂，扭曲的钢铁桥身大都卧在河水中，坚硬的钢铁竟然显露出一种凄然之态。据记载，铁桥第九、十号桥墩水面以上全部被炸飞，第三、四、五、六、七、八各孔钢梁均一端坠入水中，三孔悬臂梁断裂后也坠入河中，钢梁杆件被炸毁、炸伤八十七处之多。

　　铁桥虽然被炸毁了，但并没能阻挡住日军侵略济南的脚步。

图 1 被炸毁的津浦铁路黄河铁桥

图 2 被炸断的黄河铁桥近景

图3 日军通过浮桥渡过黄河向济南城进发。

日军抵达黄河北岸后，几乎只用了一天的时间就在黄河铁桥的东侧，紧挨着铁桥搭建了一座浮桥。日军就从此浮桥上渡河向济南城进发。（图3）

23日，日军第十师团两万余人兵分两路，自齐河与济阳渡过黄河包抄济南。韩复榘命第三集团军第十二军孙桐萱部断后，日军到达济南城边时的12月24日晚8时，韩复榘从西门经商埠到白马山火车站，坐钢甲车带领部队弃济南南下泰安。

弃守济南之前，韩复榘下达了"焦土抗战"令，命令部队放火焚烧古城内和商埠区的一些重要建筑，实施坚壁清野。焦土抗战，简单地说，就是放火烧掉任何可资敌用的财物、设备和房屋，以期以空间换时间。

当时被烧毁的济南市的重要建筑都有哪些呢？

二、被烧毁的珍珠泉大院

焦土抗战，韩复榘下令被烧毁的最重要的建筑当属当时的山东省政府珍珠泉大院了。

1930 年 9 月 5 日，南京国民政府任命韩复榘为山东省政府主席。9 月 11 日下午 3 时，韩复榘在珍珠泉政府礼堂宣誓就职。

这座大院的历史非比寻常。

金末元初，山东尚书省兼兵马都元帅、知济南府事张荣首次将珍珠泉周边圈起来，修建府邸。进入明朝，山东都指挥使司接手珍珠泉大院，改为都指挥司衙署。成化二年（1466），明宪宗朱见深下旨给德王朱见潾，许其将驻地迁至济南，并将都指挥司署进行扩建，改为德王府。崇祯十二年（1639），清兵攻入济南城，末代德王朱由枢被俘虏，清军将德王府付之一炬。清康熙五年（1666），山东巡抚周有德选定德王府旧址修建了巡抚衙署，济南百姓遂俗称此处为"抚院"。

因济南三大名泉之一的珍珠泉位于其内，这座官府和明清时期山东地区最高主政人的府邸，就被济南人称为"珍珠泉大院"，一直被济南人所高看。

辛亥革命后，军阀张宗昌等先后主政山东，"抚院"就成了督军衙署。直至国民政府接管山东后，韩复榘任山东省政府主席，又改为山东省府，内设衙门，并命人将青州明衡王府的奇花异石运输至大院内重新装饰。

自民国之始至中华人民共和国成立，共有二十二位山东行政长官在这座珍珠泉大院办公、居住。

韩复榘率部弃城而逃后，焦土抗战在珍珠泉大院和城内外

68

同时施行。那么，珍珠泉大院到底被损毁成什么样子呢？通过当时日军拍摄的照片（图4、图5）可以看出，大院内外可谓狼藉一片，院内建筑大多被焚毁，瓦砾杂陈。韩复榘住的"东大楼"、五开间悬山顶的衙门大堂和西侧小跨院，也被烧、砸得残破不堪。后来日军将此处用铁丝网围起。

这时，只剩下大门内的原巡抚大堂及其僚属办公的原腊园，还基本保持完整，幸逃得"焦土"之灾。

另外，从日本随军记者拍摄的照片（图6）中可以看到，在大院内还有一座体量甚大的防空洞，位置应该就在韩复榘办

图4 韩复榘逃跑后的公署内景，尚有部分建筑残存。

图5 韩复榘逃跑后的公署内景，一片狼藉。

图6 韩复榘公署内的防空洞

公的大堂不远处。但是，这座防空洞没起到作用，可以说只是韩复榘抗战的"装饰品"。

三、古城内被烧的重要建筑

除了珍珠泉大院，济南城内外还有多处建筑被毁，比如当时的山东省财政厅、已成立近三十年的山东省图书馆以及中央银行济南分行等。

国货商场，在 20 世纪 20 年代末到被烧毁之间这个时期，可是济南非常有名的所在。

1927 年，山东督军张宗昌在趵突泉南侧不远处修建了一处楼房，并将原在此处的工艺传习所改名为劝业场，意思为此处可以劝兴实业。然后，他又下令将趵突泉周边的摊贩尽数限期迁到这个楼房内经营，这座劝业场由此兴旺起来。

韩复榘主政山东后，劝业场北侧的平房也被改建为二层楼房，大门设在东北角。同时还颁发了一个规定，要求在此处经营的商户不得出售洋货，并在其中专门开设了一处国货陈列馆，每年举行一次长达一个月的国货展览以及国货竞卖会。院中还有花坛等，有一点花园商场的味道。从这时起，劝业场有了个新名字——"国货商场"。商场里经营的商品在当时算是很丰富的，设有百货店、食品店、布店、鞋帽店、理发店、旅馆、饭店、医药门诊等，还有当时属于新鲜物的照相馆、电影院、书店等，吃喝玩乐俱全，可以算是济南历史上第一座商业综合体了。

从图 7、图 8 中可以看到，整座国货商场只剩下了建筑主体的承重墙体，地上一片瓦砾，显得非常破败，但还是有摊贩

图7 被烧毁的国货商场

上在瓦砾上摆摊。

　　1929 年 8 月 23 日，山东省教育厅在济南南关毛家坟成立了山东省立民众教育馆，由山东公立通俗图书馆、社会教育经理处、通俗教育讲演所合并而成。1930 年 9 月，馆址迁移至济南贡院墙根。

　　这座民众教育馆在当时可是济南，甚至整个山东省都非常有名的教育场所。即便是这么一座对民众进行基础教育的文化场所，在焦土抗战中也未能幸免。其中核心的建筑——民众会场被烧得只剩下了大门和左侧两面墙壁（图9）。

　　实施焦土抗战，韩复榘就连自己创办的产业"裕鲁当"也烧了。1932 年，韩复榘在济南按察司街南头路东开办了官办的"裕鲁当"当铺。其实，开办这间当铺，韩复榘还不完全是出于敛财的私心，更重要的是他要利用这间当铺施行经济抗日。

图8 国货商场被烧毁后，依然有济南人前来。

图9 只剩下两面墙壁的山东省立民众教育馆

图 10 被烧毁的裕鲁当

　　韩复榘主鲁后，为了抵制日本人的典当业在山东的势力，以"裕国便民"为宗旨开办了"裕鲁当"。据他说，当铺"过去公的私的都没办，一任外国人去办，那就不好了，所以必须自己去做，暂时做不好也要去做。我个人自十九年（即1930年）看到这里，曾竭力与地方实业家协商，许多人觉得危险不肯办；有人要公家出本他去做，利是他的，断无此理，故决定官办"。

　　1934年12月2日，韩复榘又在商埠内的七大马路开办了"裕鲁当"分当。两间当铺的生意都非常好，对于打击当时日本人在济南的经济垄断还是有很大作用的。

图10中可以看到，"裕鲁当"被烧得只剩下了部分墙壁。

四、商埠区的建筑被烧毁的也甚是惨烈

济南古城以西的商埠区，历来为日本人看重。1928年五三惨案时，日军就是首先占领了商埠区，然后再进攻古城占领全济南的。韩复榘深知这一点，所以商埠区的重要建筑也没有放过。

首先被烧毁的是济南府电报收发局，这座建于1904年的西式建筑，是济南市最早的电讯建筑，位于当时的胶济铁路济南站的西侧、津浦铁路济南站的西南侧。这座建筑因为其特殊功能，重要性不言而喻。于是，也成为焦土抗战的重要目标。

因为是以石头为建筑材料，所以被烧后，济南府电报收发局的建筑主体仍在，只是内部架构和设施全部焚毁了（图11）。

济南市的第一座广播电台，就是韩复榘倡议创办的。1931年7月10日，山东省政府召开政务会议，决定筹建山东省会广播无线电台，选定济南经四路小纬六路原商品陈列所旧址为台址。会后，即开始建设，到1933年5月1日正式建成播音。电台后搬到中山公园内，并建有两座三十多米高的铁塔，架设了'T'型天线。这是济南第一座公共电台，其实也具有军事功能，是当时济南市非常重要的现代化建筑。从图12中可以看到，被烧毁的电台主体建筑外壁等保存完好，但窗户及内部设施则全部被烧毁。

图 11 被烧毁的济南府电报收发局

　　还有一处非常重要的建筑，即便和民生有紧密关系，但也没有逃过焦土抗战政策，几乎被完全烧毁，这处建筑就是济南医院。

　　这座医院的全名是同仁会济南医院，是济南早期的教会医院之一，其前身是"万国缔盟博爱恤兵会医院"。1915 年，由日本山东铁道管理部庶务科卫生部接管，改名为"青岛守备军民政部铁道部济南医院"。1917 年 3 月迁到经五路，开始修建新的医院院舍，11 月建成交付使用。1925 年归日本同仁会管理。1945 年 8 月与流亡安徽阜阳的山东省立医院合并，正式统一使用山东省立医院名称，并沿用至今。图 13 上的大楼即此医院主楼，现仍作为办公楼使用。

　　图 13 显示，焦土抗战后的济南医院主楼被烧毁，只剩下了主体建筑的四面墙壁。这座建筑在 1938 年开始修复，到

图 12 被烧毁的济南电台

图 13 被烧毁的济南医院

1943年才修复完毕，现存即为修复后又加高了一层的建筑。

旧时的济南商埠区内，各种西式建筑和中西合璧式建筑林立。其中，商业建筑为数最多。中国国货公司是当时商埠区较大的百货商场，而金水旅馆据说有外资背景，是当时济南少有的规模较大的西式旅馆，但在焦土抗战中，这两座服务型建筑也是难逃火烧的命运，只剩下了外墙还显露出一点繁华的"风采"。（图14、图15）

上面列举的这些被烧毁的古城和商埠区的重要建筑，只是焦土抗战中被"牺牲"的一部分。清末以来，这些建筑在济南的发展中起到了巨大的推动作用，也是济南社会和经济发展的重要见证。虽然其中如济南医院等民生建筑后来被修复，但对于被烧毁的所有建筑来说，只是寥寥数例而已。

图14 被炸毁的中国国货公司

图15 被烧毁的金水旅馆

    韩复榘的焦土抗战，对于当时济南的破坏几乎是全面毁坏性的，也是济南在近代遭遇的重大劫难之一。

    1938年1月11日下午，韩复榘被蒋介石以参加北方将领会议为名，邀请至武汉即被捕，不久被押至汉口。21日上午，刚组成的军法执行总监正式对韩复榘进行审讯。24日，韩复榘以"违抗命令，擅自撤退"罪被处决。其灵柩葬于豫鄂交界处的鸡公山，墓前立一石碑，上刻"韩复榘之墓"。

    韩复榘死后，《中央日报》向全国发布消息，并宣布了他的"十大罪状"。

近代烟台社会名流李载之

魏春洋

　　1861 年烟台开埠，成为当时山东唯一的开放港口。"是时轮船之所至，山东一省唯烟台，而迄西二千余里无闻焉。故烟台商务西可由陆以达济南之西，北可由帆船而达金、复、安东诸处，号称极盛"。烟台迅速成为北方通商大港。鏖居烟台的外来华商众多，如广帮、潮帮、建帮、宁波帮、关里帮和锦帮等。在这些外来客商中，有一位广东香山籍商人游走于政商两界、亦商亦官、长袖善舞。在国内政治舞台上，他是一位重量级人物，办洋务、干外交、修铁路。在烟台，他是一位声誉卓著的社会名流，办红会、建果园、做公益。他见证并参与了烟台乃至中国近代化的历程，并在烟台留下了深深的印记。

　　这位长袖善舞的烟台商界名人就是广东籍商人李载之（LI TSOI CHEE）。

办洋务

　　李载之原名李福全，载之是其字号，1860 年出生于广东香山（今广东中山），曾就读于香港中央书院（现皇仁书院，

Queen's College），与孙中山先生既是同乡又是校友（孙中山 1884—1887 年曾就读于香港中央书院）。

李载之家乡地处中西文化交汇之处，近代一直开风气之先。中国"早期的买办商人绝大多数是香山人"，如大买办吴建彰、徐润、唐廷枢、郑观应等人。近代广东香山商人同乡观念极强，建立了以地缘和血缘为纽带联系紧密的商业网络。

图 1　1905 年时的李载之

中央书院毕业后，李载之进入轮船招商局（招商局前身，China Merchants Steam Navigation Company）工作。轮船招商局是清末我国最早设立的轮船航运公司，也是李鸿章创办的规模最大的官督商办企业。在这家公司中，香山商人占有非常可观的比例，其第一任总办唐廷枢，会办徐润皆香山人，其他如郑观应和叶廷眷等香山人也先后担任过招商局的总办。李载之能进入招商局与其广东香山人的身份不无关系。

从此，李载之大半生都在轮船招商局办理洋务。其办洋务活动始于烟台招商局帮办，终于福州招商局局长。

1880 年，二十岁的李载之被轮船招商局派遣到烟台，以首席帮办（Chief assistant）之职负责招商局的具体业务工作。李载之除在轮船招商局任职外，还是登莱青道台聘任的洋务委员、拯济局委员，并且担任道台的英文秘书，负责道台与驻烟台各国领事交涉。1886—1892年期间，红顶商人盛宣怀担任登莱青兵备道兼东海关（芝罘）监督，还兼任轮船招商局的督办。因此，在烟台期间，李载之与盛宣怀建立了终生的友谊，其后李的事业发展几乎都与盛宣怀息息相关。

在烟台，李载之大部分时间都在轮船招商局任职，1900年，李载之升任烟台轮船招商局总办。1904年日俄战争期间，李载之代表登莱青道台妥善处理了日、俄两国在烟台的外交纠纷，其后被俄国沙皇授予安娜勋章，日本天皇授予四等旭日绶章。同时，李载之也因功被清廷授予山东候补直隶州知州。其风头一时无两。

修铁路

在烟台轮船招商局任职多年后，1911年，李载之被时任邮传部尚书盛宣怀提携到大清铁道部任职。

1911年，盛宣怀在官场可谓春风得意。1月6日，盛宣怀被清政府授为邮传部尚书。5月8日，盛宣怀进入清"皇族内阁"，是四名汉族内阁成员之一。此时的盛宣怀权倾朝野，官场势力达到顶峰。盛宣怀执掌的邮传部是个大部，综合铁道部、交通部、电信部、邮政部四大功能，而尤以铁路为大。为巩固自己的实力，同年，盛宣怀邀请李载之前往铁道部任职。李载之被任命为有"大清第一路"之称的京奉铁路局总办。

官场险恶，人生无常。1911年底，因强行推进铁路国有政策而激起民变，盛宣怀被清廷革除邮传部大臣的职务，并"永不叙用"。盛宣怀被迫亡命日本后，与其有宿怨的梁士诒出任邮传部副大臣、大臣。梁士诒,广东三水人,袁世凯心腹。民国初年,梁士诒在国内政坛可谓呼风唤雨,坊间有"二总统"之称。因为乡谊关系,李载之又与梁士诒搭上关系,并成为以梁士诒、叶恭绰为首的旧交通系骨干。旧交通系是北洋军阀统治下的一个重要政治派系。梁士诒在"交通部布置多年",时人称之为"五路财神"。五路即京奉、京汉、京绥、津浦、沪宁诸铁路。可见,李载之深受梁士诒的信任,担任五路之首的京奉铁路管理局局长一职一直到1916年11月。

创红会

李载之前后在烟台有三十多年。其间,他热心参与社会公益事业。他创办的最重要的一项社会公益事业是山东第一个基层红会组织——烟台红十字会分会。

1904年2月,日俄战争爆发。战场在我国东北,大批东北难民流离失所。为救助这些难民,同月,上海万国红十字会成立,时任工部左侍郎的盛宣怀是主要创立者。上海红十字会总会成立后,考虑到烟台救助难民的优越地理条件,即致电(烟台招商局)李载之:"沪设中西合办万国红十字会,闻有东三省难民乘民船潜渡,又闻太古、四川等轮船载难民三千数百人,均到烟(台),流离可悯,拟请邀中西董事合办分会,遇有此种难民,查明酌量接济资遣,款由沪会拨还"。

1904年3月8日,烟台道员(即登莱青道台)何秋辇(何彦升)电复盛宣怀等人称:"已饬李牧(李载之)邀集中西董,速设分会,遇事候指挥"。同月,烟台红十字会分会在李载之主持下正式成立。分会由中西董事十七人组成,董事皆烟台名流,

图2 1907年左右，担任烟台招商局总办时期的李载之。

李载之列名首位。其他还有顺泰号老板梁浩池、小清河轮船公司老板唐荣浩、驻烟美领事法初（John Fowler）和英领事额必廉仂（Brien Butler）等。

烟台红十字会分会在救助难民行动中发挥了极为重要的作用。烟台分会救援对象主要是由水路出险到烟台的难民。在救助行动中，烟台分会遵循红十字国际条例，"无论华人西人何国人，均一体相待……烟台曾救护俄人、韩人，各资遣回本国"，充分体现了人道博爱精神。在《申报》刊登的烟台分会来电中，屡屡提到遣送难民回籍的消息：如"前由旅顺、青泥洼来烟之难民，查有贫苦者六百五十二名，又韩人一名，均从优资送回籍"（6月29日《申报》）。据统计，5月11日到21日，烟台分会查明难民姓氏、籍贯，遣送回籍有一千四百一十二名。7月11日至20日，资遣难民一千八百零三名。当然，难民太多一时无法资遣，也会在烟台暂时安置。"广仁堂及公处空屋甚少，均难安插，拟仍由其赁屋居住，房租、衣食由会开支，五日一给"。从以上列举数字来看，两个月内烟台分会遣送了大量难民。

红十字会烟台分会是山东历史上第一个基层红十字会组织，它的诞生标志着山东红十字运动的兴起，也在山东慈善史上写下了浓墨重彩的一笔，其建立有着极为重要的意义。

建果园

此外，李载之对于烟台果业的发展也做出了不容低估的贡献。据1936年张汉根所撰的《烟台蠡测录》中有"粤人李载之、梁浩池二君，对于烟台果业、辟园栽培、输入良种、发展生产等项，亦可称为功臣"。

李载之对烟台果业的贡献主要是大规模种植、推广西洋苹果。最早将西洋苹果引入烟台的是美国传教士约翰·倪维思（John L. Nevius，1829—1893）。1870年，倪维思在烟台毓璜顶之东山麓开设广兴果园，始种植伏花皮等西洋苹果，"继有前招商局之经理李载之氏辟烟台南山李园及西沙旺芝圃园栽植"。

南山李园占地一百五十亩左右。关于南山李园建立的时间，国内有学者认为是1913年，但实际应在1903年前。因1903年7月，近代"北方实业之父"周学熙到日本考察，留下的《东游日记》中有"晤商局李载之，游南山果园。烟台山种外国果木，如葡萄、苹果、梨、桃之类极旺"的文字。且1913年，李载之在天津担任京奉铁路管理局局长。因此，南山李园建立时间似应为1903年前。另外，南山李园不完全是一家果园，似乎应该更像一家庄园。时人余瑞年曾游览李园，称园内有"楼台花木之胜"，并在园内西楼题一副对联："杰阁凭临，一面峰峦三面海；荒山结构，二分人力八分天。"如此美景，不由人想到1912年孙中山烟台之行，曾经游览的"西南山盅斯花园"（日本文献中是南山果物园）或应是李载之的南山李园。

西沙旺芝圃园建于20年代初。此时李载之从福州招商局局长任上退休后，在烟台隐居。芝圃园一百六十余亩，园内种

图3 李载之（左一）与近代买办杨梅南（右一）等在烟台合影。

苹果，并引进了国内风行数十年的"红香蕉"与"青香蕉"苹果。
还直接从美国引进元帅系品种。由于李载之对西洋苹果种植的
大力推广，"自此以后，烟、福、牟一带群众栽培西洋苹果日多"。
可以说，烟台今日有"苹果之乡"的美誉，李载之功不可没。

做公益

除办红会、建果园外，李载之还先后办学堂、修街道、倡
铁路等。参与社会公益事业，造福乡里。

办学堂方面，李载之一是赞助毓璜顶英文学馆，一是集资
创办私立广东小学。1894年，美国传教士韦丰年来烟台传教，
鉴于烟台开埠后，英语翻译人才缺乏，便决意兴学造就英语人才。

烟台士绅李伯轩、李载之、梁浩池等八人闻讯，商定赞助白银两千两充作办学经费，十年为期。韦丰年创办的毓璜顶英文学馆（简称英文馆，不久改名实益学馆，后并入益文学校）为我国培养了大批高级商业人才。此外，1912年，李载之与陈季安等十五人以广东旅烟同乡会名义，筹集经费六千二百多银元，创办私立广东小学。"后由校董李载之在烟台广仁路中段购地建楼房一栋，为新校舍"，学校主要招收旅烟广东子弟。

此外，李载之也积极参与了1909年筹建烟潍铁路的活动。烟台商务总会筹办修筑烟潍铁路，选举孙文山任招股总理，谭宗灏、李载之任招股协理。因李载之担任烟台招商局总办，"与官场交接时最多"，"大家遂公举谭君宗灏、李君载之等为代表，同谒道宪面商一切矣"。最后，由于李载之"见近日认股不甚踊跃，不肯应命"晋省，遂与发起人谭宗灏发生意见不合。烟潍铁路筹建之事终不了了之。尽管如此，李载之在筹建烟潍铁路中的贡献仍可圈可点。

另外，辛亥革命以前，李载之还在现广仁路西口路北出资购地修路，此路被命名为载之路。对李载之来说，此类造福乡里的义举可谓不胜枚举。

斯人已逝，功业长存。对于这位生前名声显赫，如今却鲜为人知的烟台名人，其人其业理应值得烟台人铭记。

采访台湾艺人凌峰札记

庞守义

1987 年台湾老兵向当局请愿，要求返乡探亲，经过长时间的交涉和斗争，终于在 10 月 15 日，台湾当局宣布开放台湾赴大陆探亲和旅游。两岸长达三十八年隔绝的局面被打破，众多的台胞返回故里，与家人团聚。我意识到将会有很多感人的故事产生，我努力寻找这个能够定格历史的瞬间。我向好多的媒体朋友求助，请他们提供线索信息。很快得到在中国新闻社工作的同行告知：凌峰，山东青岛人，四岁时随父母去了台湾，现今是台湾金钟奖最佳男歌手，曾和当红歌星邓丽君同台演出，他现已启程，随着赴大陆探亲的人流，即将回到青岛，并在大陆拍摄电视系列片《八千里路云和月》。

三天后，我按预约准时在济南和凌峰相见，提出采访他探亲的要求，他热情相迎，十分爽快地答应，并表示尽力配合。

凌峰，四十开外，中等身材，锃亮的光头戴着的礼帽，一双黑布鞋袜，衣着简朴随意，言谈吐幽默风趣。

"大陆是我的生母，台湾是我的养母，海峡两岸都是我的家。今天我踏上这祖辈生息的土地，那梦绕魂牵的故乡，我格外激动。"这别具一格的开场白，拉近了我们彼此的距离。随后在

图1 凌峰首次回乡探亲，下车即与亲友拥抱。

图2 凌峰和外婆在一起。

图3 凌峰与亲友们在一起。

几天的相处中，我感到他的情感总处在亢奋之中。亲人那张张团聚的笑脸，一双双含泪的眼睛，在迎接这位远方游子的归来。凌峰望着九十三岁高龄的外祖母那如雪的白发和慈祥的面容，他情不自禁扑上去："姥娘，我想你啊！"热泪扑簌簌地滴落在老人的肩上，这养育之恩，刻苦铭心；那间他当年出生的小屋，更使他激动不已。幼年时，曾在这里蹒跚学步，门前嬉戏，此时他展开双臂，脸颊紧紧贴着墙壁，默默不语；他父亲在台去世时叮嘱他，今后若回故乡，一定去祖坟上祭奠……如今大伯和堂兄带他来到祖父的坟前，在台湾和家乡的儿孙们一起并排跪下，额头紧贴着祖父坟上的黄土，如泣如诉。

三天后，游子又要离家了，他怀着无限依恋的心情，为乡亲们演唱了一首《船歌》。事后，他特意告诉我，这歌词里有两句词特别触动着他的心扉。"风儿呀吹动我的船帆，船儿呀随风荡漾，送我到日夜思念的地方……"我顿时感悟到这句歌词不正是我这组专题要寻找的吗？

时隔三年，辛未年（1991）春节前夕，我突然接到凌峰先生的电话，说他又来到济南，下榻在齐鲁宾馆，邀我前去相见。通过上一次的采访，短短几天的相处使我们结下了友谊。分别后的这三年里，虽然有过书信往来，但我更多的还是通过中央电视台和其他媒体的节目，了解他的一些情况，知道他正为拍摄《八千里路云和月》穿梭于大陆与台湾之间，没想到这次春节前夕在济南又一次相见。

我按响了他房间的门铃。

他和三年前一样的装扮，一样的神采，笑眯眯地拉着我的手说："庞兄，久违了，三年不见，别来无恙？"因我长他三岁，平时言谈或书信往来，他对我每以"兄"相称。

"十分感谢你们山东画报社，我第一次回乡探亲时，受到你们的关照，派你这个资深记者，随我回故乡采访，并给予了很精彩的图片形象报道，太谢谢你们了！"

今再重逢，我们很自然地回忆起了当年的情景，作为一个著名的歌星和电视主持人，三年前毅然回大陆探亲，并拍摄制作电视系列片，在海峡两岸引起了很大的轰动，三年后谈起这件事，他仍为此举感到自豪。

凌峰不愧是消息灵通人士，他知道，《山东画报》报道他回乡的稿件曾被《人民画报》转载，而且还评选为优秀专题奖；他还知道，他在祖坟前祭奠的照片《父辈的凤凰》曾在"龙的故乡"摄影大赛中获奖，他向我表示祝贺。

"其实，这功劳是属于你的，"我决不是故作谦虚，"摄影是以情取胜、以神态感人的，我不过是用镜头如实地记录了

图4 凌峰在故乡的院中。

你的情感。"他哈哈大笑:"那可不是舞台上的表演,而是真实的生活,那如梦如幻的感觉。"

凌峰可爱的地方,正在于无论在舞台上还是在生活中,他都是个富有感情的人,三年前在他故居的切身感受就是如此。我一直想找个合适的机会能和他详细交谈,进一步了解他的成长经历与事业发展的起伏,这次在济南再次相遇,了却我的一个心愿。

谈起他如何走进演艺圈的,他毫不隐讳地说:"我刚刚开始从艺很简单,单纯就是为了'谋生'。我的父母原是国民党兵工厂的普通工人,1949年工厂整体搬迁,四岁的我随父母来到台湾,在台湾眷村长大。为了分担家庭的负担,十五岁就辍学开始干童工,每天十五六个小时的劳动强度难以承受,晚上还得去歌厅唱歌,换取微薄的收入补贴家庭。从此就走上了演艺的道路，后来唱到了香港，生活才有了改善。经过多年的努力和磨难，又从唱歌转向影视，从开始当演员后转型做导演、当制片人，从拍纯粹的娱乐片逐渐转向拍公众意识和社会意识比较强的片子，从关心娱乐的价值提高到关心公众事业的艺术人生道路。我艰苦地走了二十多年。"凌峰每提到目前拍摄的《八千里路云和月》就格外激动：他每每看到父辈们那隔不断的乡愁，便产生决心到大陆去拍片，用台湾人的视角记录祖国的风光地貌、山河变迁及人事更迭，让父辈们纾解那浓浓的乡愁。这个系列片之所以在台湾引起强烈的反响，就是抓住了"感情"这一动人的真谛，是民意的需求，是时代的需求。三年来，他投入了大半时间奔波在天南地北，连一些偏僻的小乡村，也留下他跋涉的脚印。各领域的代表人物，如国画大师关山月、

图5　凌峰到家乡祭祖。

图 6　凌峰在街头买糖葫芦。

西部歌王王洛宾、"孔雀公主"杨丽萍以及梅兰芳之子梅葆玖等都在这部电视片里有详细的描述，让人们欣赏到他们的风姿。他这次回山东，带了一个摄制组，准备用两个月的时间，走遍山东大地，把故乡的山、故乡的水、故乡的人都搬上屏幕，介绍给台湾及海外的观众。还要抓住春节期间，赶拍胶东人过大年的热闹景象，也顺便带上老母亲和孩子回老家过个团圆年。

　　凌峰对故乡、对亲人的怀恋是很深的："虽然离开家乡四十多年了，我那九十五岁的外婆还健在。在台湾时，我唱《外婆的澎湖湾》，如今回到山东，就改唱外婆的胶洲湾了。"尽管凌峰已是海内外知名度很高的艺人，但他始终以山东人为自豪，至今他仍能操一口地地道道的青岛方言，即使演唱闽南民歌，听众也能从他的歌声中听出"山东味儿"。

凌峰出口成章，妙语连珠，成千上万的观众为他的才华和幽默所倾倒。他相当用心于文藻的修饰，喜欢把意念化成短句，用独特的语言，向朋友说明他的立场。每当听到凌峰那雄浑的歌喉，看着他潇洒的表演时，却不曾想到他生活的另一方面。随他探亲的家人告诉我："他是个能动能静的人，一回到家，不是看书就是摆弄他的花草和古董，抱着书，一看就是七八个小时，一句话也不说。"

凌峰自言在穿着和生活上是个粗人，他说："充满自信的人是不需要包装的，要做一个有内涵的人，不靠脸蛋吃饭，有用的，不一定非要好看不可。当主持人，从不背别人给我写的词，

图7　凌峰为家乡献歌。

不当传声筒，要形成自己的风格，把自己当品牌。我喜欢即兴，我的人生追求是'做自己'，这就需要学识来喂养，储备丰富的知识，遇事才有较强的应变能力。"在他主持的节目中，不时从中找到自嘲逗趣的题材，在生活中也是如此，记得三年前，我们分别之时，他送我一幅他的照片，签上名字后，一本正经地对我说："我的照片，只有一个用处，每逢大年三十把他贴在门上，可以避邪，大鬼小鬼不敢上门。"周围的人听到后笑得前仰后合。

有朋友告诉我，凌峰先生和当红歌星邓丽君有着深厚的友情，多次同台演出，近年来还为邓丽君赴大陆演出的事穿针引线，我问他能否透露点内情，一说到邓丽君，凌峰格外兴奋："你想了解邓家妹子的消息，可算是问到知根知底的人了。"他转

图 8 凌峰与邓丽君

图9 在济南四门塔拍摄《八千里云和月》时的凌峰。

身从行李箱里抽出一个信封,将两张和邓同台演出的照片送给我:"我和邓丽君都是在台湾眷村长大的,同是歌手出身,少年时,在'夜巴黎'歌厅共事。邓丽君的母亲是山东人,由于这层半个老乡的关系,两人有了更多的共同语言。邓丽君也很爱演唱《船歌》,也许在台湾同是天涯沦落人,心有灵犀一点通的缘故。"邓在华语歌坛逐步走红,举办个人演出会时,凌峰总是必到的嘉宾。在拍摄《八千里路云和月》影片时,有人提出邓丽君来大陆演出的设想,先是按照探亲的方式,到上海、北京后再去西安,看望她的姑母,尽管希望好事多磨,但屡屡陡生变故,使该计划泡汤,终成遗憾。

十多年之后,退休在家的我闲看电视,恰恰天津卫视正播放邓丽君和诸多歌手的往事,凌峰作为特邀嘉宾,结尾时怀着

图10 1987年，笔者与凌峰在青岛合影。

沉重的心情说："1995年5月8日，我正在青岛家中，这天早上，黑云急雨，打落庭院满地樱花，房间电话铃响起，台湾新闻界的朋友告知：'很不幸，你的邓家妹子去世了。'想着英年早逝的小妹，这么多年我没忘记她对我事业的帮助。"

闲聊中，我向凌峰说起，观众对他留光头的形象感兴趣，他说，很久以前曾在反映辛亥革命的影片里饰演烈士杨洪盛，把头剃光了，后来又在《八二三炮战》中演一个光头老兵，这种造型很受观众认可，此后索性不留头发了，光头凌峰成了招牌。这叫千奇百怪，各有所爱。

和凌峰先生谈兴正浓，不觉已是深夜。告别时，他送我一束鲜花，并祝我全家春节快乐，岁岁平安。我真想告诉他：有他那幅照片镇在家里，我是不愁平安的。

王氏家族

——凡人琐事杂忆之三

秦苏云

　　所谓"王氏家族"系指我的母系家族，因为几代成员间关系之密切不同于一般表亲，所以，不知是谁，从何时开始，便这样叫起来了。关于外祖父的社会成分、职业，一说是"做粉扑儿"，一说是"云锦织造"，反正都是把活儿领到家里来做，应该算是小手工业者吧。母亲姐妹三人王儒琦、王儒秀、王儒珍，依次出生于 1894、1897 和 1902 年。据说曾有两个弟弟（其一是收养的，哑巴），均夭亡。

　　记忆中，年轻时的母亲总是处于两个姐姐的呵护、照顾之下，一来可能是因为相互间年龄差距较大（二姨妈长母亲五岁，大姨妈长八岁）；二来由于父母离世早（据父亲日记记载，父母结婚时，外祖父已生命垂危）。母亲生病、哥哥出生，大姨妈必来照顾（据父亲日记）；我和姐姐出生，两位姨妈分别来"伺候月了"（据母亲口述）；蕾妹出生，二姨妈专程从南京来上海照顾（我亲历）。母亲年轻时，姐姐、姐夫都叫她"三姐儿"。

　　三姐妹各有四个子女，大姨妈二子二女：张启新，张启隆，张启秀，张启云；二姨妈一子三女：张乃英，张乃昌，张乃

图1 20世纪20年代，母亲和舅舅。

芬，张乃芳；三姨娘（南京习惯：大于母亲的叫"姨妈"，小
于母亲的称"姨娘"），即母亲一子三女：秦文基，秦苏萍，秦
苏云，秦苏衡。大姨妈中年丧夫，含辛茹苦，抚养四个孩子成
人，家庭经济窘迫，四个孩子都无缘接受高等教育。二表哥启
隆十四五岁时由我父亲带到上海，在药房当学徒，后来参加新
四军，联系中断，直到南京解放；三表姐（我们习惯于按表兄、
妹年龄大小排顺序）启云刚工作不久，就死于肺结核（俗称"女
儿痨"），才二十一岁，正当青春年华；大表哥启新长年受胃病

图2 1947年，回龙街38号的娃娃们。

折磨，到四十岁才结婚；二表姐启秀命运多舛，40年代初与一下级军官陈斯杰结婚，南京解放，陈随部队去了台湾，她带着四个未成年子女，依靠自己制药厂工人的微薄工资，和母亲、哥哥一起生活。二姨妈家的大表姐于抗战前结婚，育有三个女儿，不幸丈夫患肺结核于抗战中期死于重庆，三个孩子在外婆家长大成人。南京解放，她经过军政大学的短期学习后，被分配至新疆博乐银行工作。她虽个性好强，业务也不错，只因生活不适应而患病，于50年代末，病退回南京，一直为女儿带孩

图3 1946年的"五龙蛋"。左起依次为：张乃昌、殷炳顺、张启新、秦文基、周应制。

子，于八十高龄，患肺癌离世。大表妹乃芬小我一岁，生性懦弱，加之身体孱弱，事无主见，读书不成，1946—1947年，我和她同上南京女二中，我高三，她初二，每天乘公交车，同去同回，我总向她"说教"："女孩子要有自强心，学得一技之长，将来能自食其力，才能人格独立，不要'当花瓶'依赖他人！……"她总是微笑不语。初中毕业，适逢南京解放，她参加了"西南服务团"，在成都工作、成家。表哥乃昌和小表妹乃芳分别毕业于中央大学和华东师大。表兄妹行中，多人有结核病史，追根溯源，可能与外祖母有关，据上辈人回忆，她老人家得的可能就是"痨病"。那个年代，结核病的患病率很高，被视为"绝症""富贵病"，穷人没钱治，多半是等死。

基于亲情，也由于机缘，半个世纪以来，三姊妹及其子女们，多次长年集聚、生活在同一屋檐下。后来，子女们升学、就业，不约而同地又来到同一座城市，很自然地造就了"王氏家族"三代成员之间的亲密关系。1937年，"八一三"上海沦陷，我们一家逃离上海，落脚在南京水西门回龙街38号二姨妈家，避难数月，共同度过"跑警报"的动荡生活。南京沦陷前夕，三家一同乘民船逃离南京，抵达武汉，在此分手后，分别去了四川和山西。八年中，姨妈两家以二姨妈家为中心，齐聚在重庆，我哥哥在重庆上大学，当然以此为家，这里便成了"王氏家族"大部分成员的汇集中心，加上两家的几位单身同事，每逢节假日，熙熙攘攘地在此汇聚。当时还有个"五龙蛋"（老大启新、老三乃昌、老四文基三表兄弟，外加两位单身青年周应制、殷炳顺五个男孩）的笑称。

图4 从重庆回到南京时的二姨妈。

图5 1952年，昌哥结婚照。

　　抗战胜利后，在重庆的外地人复员还乡。二姨妈一家回到南京回龙街38号，我们一家也离开陕西南迁，因为父亲去世，上海已无家可回，只得再次投奔二姨妈家。与第一次相比，此时已多了不少新成员：我家有了嫂子，二姨家多了小表妹和大表姐的两个女儿；二姨父江阴老家的堂叔一家四口逃避土改斗争也来此借住，还有被姨父收养的一个远房侄子（孤儿）。回龙街38号不过五十平方米的三间平房，加上11号不到二十平方米的两小间"洋铁房"，居住着老少四代约二十口人。50年代初，第二代人因家庭、工作变动等逐渐离去。二姨妈去了上海儿子家，但是大姨妈一家三代人随之搬了过来，有两个老姐妹在，38号仍不失其"中心"地位。上海有二表哥启隆一家和三表哥乃昌一家，二姨妈去上海后，大家出差、探亲，得便都要去探望，于是上海成了"王氏家族"的又一个中心。

从50年代末开始，到60年代，第三代人分别完成学业，分赴各地工作。朱延辰北师大毕业，夫妻二人去新疆大学任教。陈永宁农专毕业到了新疆石河子兵团农场。陈兆祺也到新疆兵团水利工程队就业。他们在那里成家繁衍了第四代。萍姐早已在新疆参加兵团初建工作数年，这里便形成了一个以萍姐家为基地的"王氏家族"集聚中心。

数十年来，"王氏家族"成员之间，频繁联系，相互关照，历经"三年困难"和"文革"动乱，不离不弃。50年代至70年代，

图6　1955年，老姐妹俩和回龙街38号的娃娃们。

图7 老姐妹仨和董妈妈。前排：大姨妈（左）、董妈妈；后排：我妈（左）、二姨妈。

母亲独自一人在南京生活，我们虽不时回来探亲陪伴，毕竟时间短暂，亏得启秀表姐与母亲同住，长期照顾她。母亲第一次突发脑梗，幸有表姐帮助，及时治疗，没有留下后遗症，表姐却因背母亲上楼，留下了腰伤。"文革"时期，萍姐夫妇被扣发工资，一家生活拮据，延辰夫妇慷慨解囊，每月拿出一个人的工资来支援，帮助他们渡过难关。"文革"之后，八九十年代，曾经分散在外地的一部分人，因工作调动、退休或"落实政策"，陆续返回南京。小表妹乃芳从东北黎树调到南京粮食学校；兆祺、兆明因"台眷"政策之惠，分别自新疆、苏北农村调回南京并安排工作；延辰夫妇从广西师大退休后，来南京随女儿生活；陈永宁夫妇自石河子农场退休，来宁投奔女儿；二姨妈于乃昌哥去世后，来小女儿家安度晚年……加上一直在南京的衡妹的两个孩子晓红、海峰，南京重新又成了以第三、四代人为主的"王氏家族"最大集中地。只是，正如二姨妈生前常讲的："一代亲，二代表，三代了！"相互间的亲和力、热乎劲儿已大不同于早前，随着二姨妈于1986年去世，就更没有凝聚力了。

"王氏家族"成员的最后一次聚会是在2010年春，由唯一的第二代成员——小表妹乃芳主持，参加者主要是第三、四代已在南京工作生活的，和外地凑巧在南京的。同年10月，她就突发脑溢血匆匆地"走"了。二姨妈去世后，乃芳始终热心于"王氏家族"成员关系的维系，夫妇俩常常送往迎来，接待我们这些外地成员。就在前一年的2009年，在半个月不到的时间里，她还往返、奔波于上海与成都之间，分别"送走"了姐姐乃芬和嫂子莫庆兰。冥冥之中，她似乎预感自己来日无多，急赶着把自己应尽的义务完美地完成掉。此期间，她起草了"王氏家族家谱"初稿（后来由妹夫潘光华补充、修正，表侄女张光平定稿、打印、分寄各地）。"王氏家族"还有一份"历史档案"，

图8　1962年，"王氏家族"成员在南京回龙街。

那是哥哥70年代初汇编的《八十年来王家亲属出生年、月、日备忘录》，彼时，还有两位老人在世，第二代中也有几位热心者，后来经过众人回忆、补充，于1974年10月完成，时值大姨妈八十诞辰，故名。2016年6月，接光平发来的《王氏近代宗谱》2015年5月稿，综合前两件，加以修正、补充，成员已经发展到了第六代。

二姨妈为人善良、宽厚，体恤他人，顾全大局，上能和一位性情刁钻古怪的继婆母和睦相处，下可全心全意、不遗余力地为子女们服务。经过她手生长的孩子说不清有多少：子辈、孙辈、乃至重孙辈。二姨家中常年聚集着一批年龄大小不同、亲疏关系不一的孩子，对待这些孩子，她都是一视同仁地关切。记得1937年，上海沦陷，我家来南京，寄居在二姨妈家，一次姐姐不慎失足掉入"防空洞"（为应付紧急情况，在室内挖的地窖），卧床休养期间，每天清晨二姨妈都把一碗滋补汤送到床前，那是我母亲也没有想到和做到的。

二姨妈勤俭持家，个人生活极尽节俭。姨父为一般公务员，收入不高，但抗战时期在重庆也好，光复后在南京也好，家里常是聚集着许多人，或者长期借住，或者节假日来聚，她都是尽力热情地安排。记得1946到1947年我在南京时，家里人口众多，吃饭要开两桌或分先后两批，她总是在老、小都吃完，最后一个上桌"收拾"那些鱼头、鸭尾，还说什么："鸭子屁股松子香""鱼头越嘶越有味儿"……后来到了儿子家，表哥身体不好，当护士的表嫂工作忙难以顾家，她整日操劳，带大了三个孙子、孙女。没什么文化的她，还坚持记生活经济账，我出差经上海去看她，见过她的小笔记本，里面日期、菜名、单价、金额，一笔笔，一清二楚。这体现出为子女省钱的慈母心，和为别人做事的责任心。别人对她的好处也都记在心里，挂在嘴上。我们兄妹有感于她的慈爱，有时寄点保健品，生日时给她寄点钱……众多人长期生活在一起，总会有些矛盾、恩怨、闲言碎语，每遇这种情况她总是：涉及自己时，委曲求全；涉及他人时，一笑置之。正是因为一生总是保持着如此良好的心境，才得以安然应对老年丧子的打击，以九十岁高龄辞世，是"王氏家族"中最长寿的。

在表兄妹行中，表哥张乃昌和我们的关系最为密切。1946年，他陪哥哥到陕西接我们到南京，接着帮我联系、安排转学事宜（那年我高三）。他毕业到上海工作后，仍一直关心我们几个"学生"的学习、生活，"昌哥带回三支自来水笔，哥哥、我、乃芬各一"（我1947年给萍姐信）。1947年，我考上北京大学，那时内战已起，铁路交通屡屡中断，北平学潮风起云涌，母亲和哥哥很担心我的安全，在"是否北上"的问题上犹豫不定，最后是乃昌哥力挺，并积极促进，使我得以如期成行。我走时，他正好要参加朋友婚礼，不能和我同去上海，遂委托好友泉周接站、代办船票登记、直至送上船等一切事宜，不巧的是信息延误，导致无人接站，订好的船票被退掉等诸多不顺。我在上海等了三天，方弄到下一轮班的船票，才没有耽误开课时间。行前，昌哥赶回上海，到船上送行，为我安排好铺位，又添加了些用费……他在工作领薪水后，不时给我们以经济支援，"昌哥来信说，打算月初寄三十万来（他月薪一百五十万），你说，这个账以后怎么还？他说：'萍妹走后，家中钱已用完，写信回去不要提你经济窘迫情况，有什么不适，除了忍以外，也是少说为好，免得家中担心'"（1947年冬我给萍姐信）；"你是否用钱？最近你的经济情况告诉我，上次不知你已兼任家庭教师，所以附给你五万元零用，你竟送回来了……我离开学校不久，当然在学校的窘苦我还记得，所以对你们在学校的几个人，我很愿尽力帮助……"（1948年昌哥给哥哥信）。解放以后，他每次来京出差，必来看我，还给引见他在京工作的好友，以便必要时去求助。

"文革"后，家人、亲友，多主张我调往宁沪一带，他是最热心的一个，四下托人，终于通过他在南京卫生系统工作的老同学胡树德联系到一个接收单位……昌哥的善良、热情应该是缘于二姨妈的遗传。他的另一优点是肯担待，表现在他一直把沉重的家庭经济负担视作自己的责任，这在1950年他和我的一次谈话中可以看出，昌哥还谈到他的工作问题、婚姻问题，说他背着一个沉重的家庭包袱，而这是他所不能也不愿放下的：

图9 1968年，"王氏家族"成员在南京回龙街。

图 10 回龙街 38 号的最后一代娃娃们。摄于 1972 年。

包括延明姐妹，他认为他有责任照顾她们；在婚姻上，不是抱"独身主义"（如二姨父所担心的），问题是目前很难找到一个对象，他的要求很低，只是有劳动能力，可以自己独立生活。他的顾虑一是本身健康的缺陷，二是家庭环境不好，这是他过去碰钉子的原因，也是他严重"自卑感"的原因。他的身体状况确实不好，"结核菌在他身上到处窜！"从读书到工作，多次"住院""疗养"，到三十岁才结婚。1977 年 10 月，我去苏州开会，顺便到上海看二姨妈，他刚出院不久，在家休养，说是"恢复得差不多了"，准备上班。1978 年 1 月，就接到他去世的讣告。哥哥在对昌哥的悼念文章中，历数数十年中，昌哥在学业、思想、前途等各方面对他的关心、帮助："1937 秋，抗战之故，我们投奔南京二姨妈处，昌哥一再主张我在他就读的镇江中学借读，不久，从镇江回来，又主张我和他同去安徽屯溪借读，此中不但关心着我的升学，还向往着革命，这时皖南已经在统一抗日的战线下，革命活动是频繁的"；"1939夏至1942年夏，我在陕西城固西北师范学院附中的三年中，他不断寄来《物理复习提纲》等，鼓励我作好选考大学的准备"；"1943年夏，昌哥因肺病在重庆金刚坡休养，我去他处约一周，借资一起复习《材料学》中，他劝我不要参与三青团的活动……1944年曾劝我不要参加三青团的'夏令营'"；"1945年，他和乃英姐大力把我从青年军的海军中拉回来，并劝我温习功课，另考其他大学插班，终使我考入中央大学"；"1945—1946年，我和他同校、同系，他介绍我参加了'白雪国乐社'，使我的闲暇时间用在无害身心的活动上；向我介绍了他的进步同学钟

图11　1975年，"王氏家族"成员在上海（母亲去世时）。

泉周,钟向我传阅《两个中国之命运》《论联合政府》……";
"1947 年,他是'反饥饿''反迫害'的积极参加者,并阻止我
到'国防部'报到,因此才没有误入歧途;1949 年鼓励我参加
了'西南服务团'";"解放以来,我十六次在上海与昌兄见面,
聆教不少"。昌哥 1954 年入党。"文革"中,因和一个有"罪
行"的三青团员同名而被栽赃陷害,遭隔离审查很长时间。(以
上所引,俱见于 1950 年 11 月我给萍姐的信)

　　二表姐张启秀于全面抗战初期经亲戚介绍,嫁给国民党
某"学兵队"的下级军官陈斯杰。此人是"三代单传"的独子,
据说性情骄纵,表兄妹们均不看好此桩婚姻。抗战时期,随军
辗转于湖南、贵州各地,光复后回南京。南京解放前夕,陈一
人随军去了台湾,留下四个未成年的孩子、"病秧子"母亲和
性格乖僻的外婆。表姐以制药厂工人的微薄工资,维持一家老
小的生活、医疗和学习费用,其艰难可以想象。陈走后,音讯
缈无,1958 年忽然辗转寄来一信,内容无非是询致平安之类的
家常话,信件经公安部门查获,据此认为二表姐与台湾"有
联系",成为派出所、居委会的"监控"对象。四个孩子进大
学无门,入党无望(尽管大儿子学习等各方面表现都很好),
高中毕业后,或去新疆兵团农场,或在本省"插场""插队"。
直到改革开放以后,仰仗"侨胞""台胞"政策改变,方"坏
事变好事"地陆续调回南京,并安排了工作。表姐性格刚强,
自知政治上受歧视,各种福利排不上队,数十年中,身为"老
工人",却从不向单位申请住房,50 年代中期以后,始终和我
母亲住在一起,直到 80 年代后期,才住进了属于自己的房子。

　　我和那位陈姓表姐夫是否有过哪怕是"一面之交",已全
无印象,但出于对党无限忠诚,和避免"隐瞒历史"之嫌,我

在第一次填写履历表时，就在"海外关系"一栏中把这个关系填了进去（还有曾就读于"政治大学"、南京解放时去了台湾的我哥哥的同学武维瑜），后来每次填表均照此办理。没想到，这一行为竟然构成我大半辈子的"政治麻烦"，每逢"审干""忠诚老实运动"、工作升迁都会作为问题纠缠一番。

"王氏家族"的历史，离不开南京水西门回龙街的 38 号和 11 号——四代成员中的多数生于此，长于此，或者曾经在此度过虽然短暂却是生命中重要节点的时光。它见证了五代人的生老病死，承载着他们聚集、分离的历史。38 号、11 号处于回龙街小巷西头末端，离城墙（西关头）不远的秦淮河下游左岸边，二者分处于小巷两侧。相传明太祖朱元璋因视察城墙修建情况行至此巷，遇堆放沙石挡于道中便折身而返，故名"回龙街"。

图 12　1986 年，"王氏家族"成员在上海（二姨妈去世时）。

38号最早是二姨父工作单位（中央工业试验所）的职工宿舍，好像从他父亲开始就住在这里了。回龙街其实就是个贫民区，昔日的38号，砖墙、瓦顶，在那里还算是最体面的一座房子。

"八一三"后上海沦陷，我家曾避难至此，度过了无数个"跑警报"的惊惶日夜；抗战胜利，1946年，我家从陕西回来，又一次落脚于此，一住就是三十多年；解放后，二姨妈一家、我们兄妹陆续离去，母亲把它买了下来，又把大姨妈和启秀姐邀来同住；母亲去世后，启秀姐继续住到80年代末；此后，成了拆迁户的临时过渡住所，房屋随之破落，沦为"危房"。2001年，我受萍姐委托，专程去南京办理房产善后事宜，半年时间，办完了遗产继承公证，房产证、土地证领取等有关的繁琐手续，从中学到不少东西。最后以6.8万元人民币的价格将房产出售，结束了与38号的"缘分"。11号原属姨父朋友遗孀的董妈妈所有，是个以茅草作顶、洋铁皮为墙的"违章建筑"，"窝棚"而已。1946年，38号人口骤增，人满为患，借来此块宝地，略加修葺，以供人口疏散之需。解决拥挤问题的另一措施，是在38号的厨房顶上搭起一约六平方米的"阁楼"，那是我和凤妹的"闺房"（周末，昌哥回家，我俩让位，躲在这里）。在这个小屋中，我曾一身汗水，备战"高考"。解放后，大表姐乃英把11号买了下来，在她和女儿、女婿的苦心经营下，那加起来不到三十平方米的两间小破屋竟然发展成了三室、一厨、一卫，兼有一个小院子、具有上下水的"宜居"小宅院……

兴旺也好，破落也好，38号、11号都在新世纪到来后，随着城市改造永远消失了。

父亲的抉择

李东川

我是 1952 年在重庆出生的。

在后来的岁月里，一个奇怪的念头常常缠着我——假如我哥哥不夭折，大字不识的母亲是绝对不会从数千里外的山东跑到四川去找我父亲的。那么问题来了，如果母亲不来找我父亲，父亲肯定会在四川再找一个川妹子，因为我所知道的那些南下干部，至少百分之七十以上，在老家有媳妇的，根本也用不着办什么离婚手续啥的，就在外面又找上一个年轻有文化，关键是城里的姑娘了。

如果真那样，这个社会现实中实实在在的"我"，会在哪里？

反过来再问一下：如果我母亲不到四川找我父亲，我父亲和一位当地的姑娘结合，还会是我吗？生活的现实是没有如果的，现实是一种存在，而现实存在就是对"如果"和"假设"的否定。

在老家夭折的大哥，叫李胜利，是抗战胜利以后出生的。家里的相册中有一张大哥形象的照片（图 1），照片上的母亲、大姑在前排坐着，站在一边的是大姑的女儿——我的大表姐；大哥依偎在母亲腿上，大约三四岁的样子，虎头虎脑的很帅气。

1949年，父亲南下后，母亲在老家带着我的大哥，还伺候着年迈的奶奶。大哥那时有三四岁，在一次意外的事故中受伤，因山村连最起码的医疗条件都没有，而不幸夭折了。没了孩子的母亲，失去了在老家待下去的希望。在老家五奶奶和大姑的鼓动下，毅然于1950年踏上了到四川千里寻夫的路程。

1980年时，电视正播映日本电视连续剧《咪咪流浪记》，每当我听到电视剧主题曲响起时，不知怎么的我就会不由自主地把歌词中的"爸爸"变成"丈夫"——

落雨不怕　落雪也不怕
就算寒冷大风雪落下
能够见到他
可以日日见到他面
如何大风雪也不怕
我要我要找我爸爸（丈夫）
去到哪里也要找我爸爸（丈夫）
我的好爸爸（丈夫）没找到
若你见到他就劝他回家

这种无端的联想，使我每当听到这首主题曲时，都会潸然泪下。因为我母亲当年三千里寻夫时的境遇，与之相比真是有过之而无不及。

不识字的母亲唯一知道的，就是父亲在重庆市邮局工作。

她就是挎着一个蓝色的印花包袱（当2017年父亲和我回山东老家时，他又一次提到了这个"蓝色的印花包袱"，在我的记忆中，父亲不知有多少次提到了这个"蓝色的印花包袱"，

图 1　左起依次为：大表姐、妈妈、李胜利、大姑。
摄于 1950 年。

我还清晰地记得有一次父亲说：这个蓝色包袱印证着你母亲千里到四川的困苦与艰辛，要好好保留着它。但最终再也没找到它了)，里面包着满满一包袱煎饼，踏上寻夫的艰辛历程。

母亲说，她是从南京乘木船溯长江而上的。从来没出过门的母亲，一个人在船上待了半个多月，也不敢和别人说话。饿了就吃点煎饼，渴了就用碗在水缸里舀点水喝。母亲后来说：在船上的那些日子，她一直提心吊胆，船在长江汹涌的波涛中

图 2 左起依次为：妈妈逯克俊（怀抱者妹妹李建华）、爸爸李在永、笔者。摄于 1953 年 12 月。

总在剧烈不停地摇晃，使她因晕船呕吐不停。她说在那些日子里她感觉自己真得不行了！

不过好在哪里都有好人，船上的一位山东老乡，听说她是到重庆寻丈夫的，自告奋勇地当向导，把她带到了重庆邮政局。就这样在迷迷糊糊、跌跌撞撞的一个多月后，母亲居然真的找到了父亲。然而让母亲留下终身遗憾的是，她当时没留下那个好心人的姓名与地址，每每说到这事，母亲总是追悔不已，难以释怀。

于是我想：人的一生中总是充满了无数的机缘，每天，我们相遇的人可能成百上千，一生有交集的人不计其数，但最终能成为朋友的人也就只是三五人而已。而母亲相遇的那人则可能是上天安排来为她带路的吧，他的作用也许就是仅此而已。

当我长大些懂点事时，不止一次听母亲说过：当初如果你爸爸不要我，就是一句话的事，因为那时很时兴休了老家的老婆，新娶年轻（我算算其实那时母亲也就只有二十三岁）有文化、有气质的城市姑娘。

后来父亲也不止一次说起过：当那天你妈妈来到我单位时，确实太突然了。父亲说：你妈妈没有文化，也从没出过门，居然只身一人，辗转几千里找到了我，她的这股韧劲和毅力就叫我佩服。

母亲说：我永远忘不了你爸爸单位的那个人，竟然经常当着我的面怂恿你父亲快把我送回老家去！

我估计那时候父亲肯定也动过心。从他带领女子中队南下开始，他身边应该不缺年轻的有文化的姑娘。我当然知道在那个年代，革命军人在姑娘们心目中的位置，在姑娘们的心中他们就是英雄，她们愿意为这些英雄奉献自己的一切。而此时我父亲应该是具备了这一切的——他年轻帅气、资格老、有文化，并且已经是重庆市邮局的军代表了。

后来从母亲的言谈中，我琢磨出了那个时候父亲在母亲去留问题上还是摇摆不定的。母亲对我说：我生了你刚满月，你爸爸又因琐事和我吵了起来，还叫我滚！母亲说当时她气晕了，一气之下趁父亲上着班就拿了我的用品抱着我直奔朝天门码头方向走去。母亲说她当时只觉得脑子一片空白，一路走一路问，终于到了朝天门码头了，才发觉自己身无分文。

父亲说：当他下班回到家时，发现妈妈和我都不见了，当时就急出了一身汗。你妈妈没文化不识字，在这城市里真会迷路的，她能去哪里呢？

父亲一边走，脑子飞快地转着——"朝天门码头"。父亲说：我一下想起了你妈妈一定是去了那里，因为她从山东来重庆就是从那里上的岸。1952年的重庆与外省连接的通道，恐怕就只有长江这条水道了。

后来母亲说当她看到爸爸时，眼泪就止不住地往外流，心里那个委屈她一生都不会忘记。父亲说当他看到泪流满面的妈妈时，二话没说就把我从妈妈怀里夺过来，拉着妈妈就往回走。在后来的岁月里，当父母说起这件事时，都不约而同地说起"对方的不容易"。

父亲说：你妈妈这一辈子太苦了，在老家时，她对你奶奶的好，那是有口皆碑的，我不能没良心，一个人如果没了良心就不是人了。

"一个人如果没了良心就不是人了"——父亲是这样说的，也是这样做的。在后来的岁月里，我们再没见父母吵过架、红过脸。这些过去发生的事，都是在我们成人后，父母讲给我们

图3 前排左起依次为：弟弟李建川、妹妹李建华、笔者、小妹李建美；后排左起依次为：爸爸李在永、妈妈逯克俊、三叔李在照。摄于1956年3月。

听的。

我们家是1953年搬到宜宾的。那时国家鼓励生孩子，所以我们家的兄弟姐妹出生时间都很密：1953年，我妹妹李建华出生；1954年，我小妹妹李建美出生；1954年我弟弟李建川出生。

弟弟出生后，我父亲就做了结扎。

在宜宾邮局的事我毫无记忆。后来在宜宾地委的事自己就有了些碎片记忆——比如除"四害"，记得父亲半夜归来，把我们吵醒了，我被父亲那个大大的网兜里塞满"叽叽喳喳"的各种鸟儿给搅和得一下睡意全无，一天都处于极度兴奋中。还隐约记得在地委机关幼儿园，我拉在床上后又哭又闹的景象。

记忆比较深的是地委院内的一帮小朋友分成好、坏两伙打仗，我扔出的一块小石子一下打中了刘安兵的头部，他一下哭了起来。我吓得赶紧跑回了家中，不一会儿刘安兵的母亲带着他来到我们家，母亲二话不说就把躲在蚊帐后面的我拉出来好一顿揍。当时刘安兵的父亲是宜宾地委书记，母亲是宜宾市委书记。前几年一位朋友看了我写的这件事，帮助我联系了刘安兵，当我说起这件事时，他竟然没有一点记忆。刘安兵和我同岁，那个年龄的孩子能记住三两件事就不错了。

直到现在，我也不清楚我们家在宜宾地委院子里住了有多长时间，估计有两三年吧，常在一块玩的小朋友也应该不少，但就只记住了刘安兵一个人，而这记忆应该源于我用石子砸破了他的头，在内心留下的深刻印记吧！

在宜宾印象最深的就是父亲带我去理发，当我听到父亲对理发的师傅说要给我剃光头时，我一下急了眼，又哭又闹舞胳膊蹬腿的，父亲终于答应我，不剃光头了。这件看似小小的往事，在后来的岁月中一直伴随着我，随着年龄的增长，我从中窥见了父亲的仁义宽厚。自记事以来，父亲就没动过我们兄弟姐妹一指头。自记事以来，就没见父母红过脸，这大概是源于母亲忍辱负重和父亲仁慈宽厚的性格吧！

父亲是一个感情细腻、充满情怀的人。中学毕业后，我以知青下乡的身份回到山东老家，后一直在淄博工作。1979 年儿子出生，我高兴地马上跑到邮局排队给父亲打长途电话。父母的高兴自不必说，在几个月后父母专门回来看望孙子（那时父亲还上着班），父亲说就是在我给他打电话报信那天，他一下戒掉抽了三十多年的烟，因为他不愿意让烟熏着孙子。我知道有烟瘾的人戒烟是很困难的，在父亲戒烟这件事上，我看到的是一种深沉的爱。

戊子年（2008）春节我们回家时，看到了珙县县委、县政府在2007年重阳节"夕阳美"活动中为父母"钻石婚"赠送的牌匾。据说在那一年的"夕阳美"活动中，"金婚"有几对，"钻石婚"就只有我父母一对。当我看到这个纪念匾牌时，那些半个多世纪前的往事像过电影似的在我眼前映现……

我母亲是2013年去世的，算起来他们执手偕老共同度过了六十八年的时光。能够共同生活六十八年的夫妻是不多的，我深信这福分是他们共同修来的。

还有一件让我永生不能忘怀的事——2017年当父亲知道我们要一块回山东老家时，他让我们开车把他送到珙县烈士陵园，在那座小山的侧坡上埋着我的小妹妹李建美，她是1960年五岁时患脑膜炎夭折的。当时就在那里挖了个小土坑埋了。整整五十七年过去了，那座小坟头早已没了一点痕迹。只见父亲到了那处大约的位置上，指挥我刨开了土层，让我从那里掬起两捧土，放在父亲早已准备好的小红布袋中，当我听到父亲的念叨"建美，爸爸来带你回老家了"时，眼中的泪一下掉了下来……

父亲逝于2021年，享年一百岁。有道"仁者寿"，我相信父亲的福寿都是他的宽厚仁慈修来的。

平凡的母亲

姜 水

母亲宋文婵生于 1935 年 8 月 16 日（农历七月十八），病逝于 2022 年 2 月 24 日凌晨。母亲晚年患病多时，受尽病痛折磨，但在辞世前几天，状态出奇地好，用她自己的话说是感觉病好了，于是我也天真地半信半疑，觉得她暂时没事了。没想到这是母亲生命的回光返照，她把笑容留到最后。

去世前的那个晚上，我们在一起吃的晚饭，母亲吃得不多，但也像往常一样吃了一点。晚饭后，我领着三岁半的小女儿巧儿要回到隔壁的家，巧儿伸着小手跟奶奶摆手说再见。当时，母亲满脸的笑意和不舍，反复念叨着："你们这么早就回去吗？巧儿真待人亲呐（胶东方言，真可爱啊）！"我没体会到母亲的用意，不经意地离开，没想到竟是永别。

第二天早晨七点多，父亲慌张地来我家，进门就说：快来看看，你母亲这是怎么了！我感觉不好，急忙赶过去，发现母亲被子裹得严实，头偏向一侧，一动不动，毫无声息。我摸了摸她的脚已冷，眼睛紧闭，脸庞微凉，我叫她，她没有一点反应。母亲就这样，在黎明前悄悄地走了，一句话也没留下。正如她生前因病痛折磨所说的："我不怕死，但我怕受罪，更怕给你

图 1　母亲与父亲结婚照。摄于 20 世纪 60 年代。

们添麻烦。"母亲终于耗尽最后一丝生命的光亮，如她所愿安静地走了，没给儿子添一点麻烦。

正如千千万万母亲一样，母亲的一生是奉献的一生，操劳的一生，含辛茹苦一辈子。她的童年经历了兵荒马乱的战争年代，青年经历了新中国成立初期南下建设却因工伤重返农村的曲折和阶级斗争的折磨，中年经历了缺衣少食、终日土里刨食的艰难时光，这些母亲都坚强乐观地熬过来了。2017 年，哥哥猝然离世。对母亲打击最大，她的内心崩塌了，丧子之痛击穿了她的精神支柱，摧垮了她老弱的身体。在母亲看来，儿子是她的天，天塌了。在这个家庭中，母亲心中永远装着自己的俩儿子和丈夫，唯独没有她自己。

母亲因哥哥早逝患上抑郁症，晚上经常失眠，夜里痛哭。后来又患上了严重的心肺病，呼吸困难，心衰严重。大前年病重到医院检查，医生一看检查指标都非常吃惊，这么严重的指标很少见到，可是病人从外表体征来看还那么坚强，这是怎么熬过来的！

母亲的一生极像老家山地上的野草，顽强而执着，平凡而伟大，与世无争，质朴善良，生命不息，操劳不止。母亲把自己的一生全部奉献给了我们这个大家庭，除了把我兄弟二人拉扯大，早些时候还要伺候年迈的奶奶、照看几个孙女，我的侄女和大女儿都是她一手带大的。小女儿出生不久，母亲就从老家过来帮助照看，但她老人家已经心有余而力不足了，那年她已八十三岁。直到晚年最后的岁月，疾病使她衰弱无力，哪怕走上一小段路也喘息不已，可每当看着我们做饭，母亲也总想搭把手。今年春节，距离母亲去世仅有二十余天的时间，看我们在包饺子，还想过来帮个忙，可是拿起饺子皮时，母亲的手却颤抖得无法控制，于是只得叹口气失望地放下，自嘲地说："真不中用了啊！"看着母亲憔悴的面容和混浊的眼神，我心中明白，母亲的时间不多了！

母亲是顶着巨大的社会压力嫁给父亲的，因为父亲家里被划为地主成分。在"以阶级斗争为纲"的年代，这需要巨大的勇气。母亲与父亲相依相守，忍辱负重，共同度过了那个峥嵘又困苦的岁月。

回忆儿时的时光，母亲永远是最温暖的底色和温馨的主旋律。昏黄的煤油灯下母亲在牵针引线缝缝补补，烈日炎炎下母亲和父亲在田间挥汗如雨。清晨醒来，母亲早已忙碌了好久，灶间炊烟乍熄，饭已飘香，而院子里的牲畜和家禽也都在叫声中享受着母亲的喂食。每当受了委屈和生病时，母亲的怀抱永远是最幸福的……

母亲永远与人为善。在老家县城居住的那段时间，与邻居都交往得很好，有些年纪和我差不多的邻居都成了她的好朋友，她们喜欢找这个差三十多岁的大妈聊天拉家常。前年我把县城的房子卖掉了，拉着母亲来到省城定居。临别时，好多邻居前来帮忙搬家。邻居宋大姐一大早专门包好海鲜饺子送来，恋恋不舍，这几年春节还专门来电话，与母亲在电话中聊个不停。在她们心中，母亲是一个极具亲和力的老太太，是她们的忘年交，所有的喜怒哀乐都愿意向母亲倾诉。

每年的春节，母亲永远是主角。她亲自操持着家务，丰盛和极具仪式感的年饭全由母亲一个人来张罗。当一家人吃完饺子看春晚时，母亲又开始忙着准备跨年饺子和大年初一的早饭了。做饭操持家务都是母亲做，但她从无丝毫抱怨，她认为这是她的责任和使命，让全家人吃饱吃好是她最大的幸福和满足。当她把饭菜做好后，都是尽着我们和父亲先吃，她最后一个吃。做一条鱼，母亲永远都是把最好的部分留给我们，而她的筷子只是夹点鱼的残渣和鱼刺。小时候我记忆最深的是，我们把好吃的分给母亲时，她说得最多的就是，你们吃吧，我不喜欢吃。为了让自己的儿子多吃点，她宁可用善意的谎言来搪塞，而我都记不清这种谎言母亲说了有多少，好像我们喜欢吃的母亲都不太喜欢。无论岁月变迁，最喜欢的还是母亲做的饭，那种咸淡可口的感觉只有母亲能做出，今生今世，再无人能及。母亲，儿子再也没这口福啦！

母亲年轻时长得端庄好看，除了她和父亲结婚时留下一张合影（图1）外，再没有一张年轻时或更早些的照片。只是，听到我的长辈们有时说：二嫂年轻时真好看！但从我记事开始，母亲就是一个中年妇女的样子，穿着打补丁的衣裳，经常满身尘土。生活的劳累，使她无力也无暇修饰打扮。母亲晚年，我

图2 操持家务的母亲。摄于 1997 年。

爱人经常对母亲说：妈，你这个老太太真漂亮！这时的母亲会不好意思地笑着说：哎呀，我这个老太婆你们别嫌弃就好啦！

　　作为儿子，我因生活的一些琐碎事情经常对母亲抱怨，冲着母亲发过很多脾气。是的，母亲不是个完人，她只是一个质朴的老百姓，柴米油盐永远是她的主题。但就在母亲悄悄离开我，永远地离开我的那一刻，我彻底悔过了，但什么也来不及了。母亲生前，我很少甚至没有说过一句贴心的话，觉得说不出口；从未给她一个拥抱，觉得那是矫情。但现在，我再到处找母亲却再也找不到她的踪影了，看看母亲的床空荡荡的，心中一片茫然。以往，我上班时，能真实地感觉到母亲的目光从楼上的窗前投过来，目送我离开；下班时，她也会早早立在窗前期待我回家。可这一切都不存在了。母亲永远地走了。这段时间，我只能对着她微笑慈祥的照片流泪不已，没有了母亲，人生只有归途了。

母亲去世后于次日火化。我开车把母亲的骨灰送回了老家，安葬在哥哥的墓旁。这个墓是母亲生前就安排好的，她曾说："让我死后守着你哥吧！"

开车送母亲回老家那天风很大，无论是省城还是县城，刮得到处都呼呼作响。次日安葬母亲时，风和日丽，一如母爱的温暖和畅。

母亲常夸巧儿是她的开心果。小女巧儿懵懂无知，全然不知道奶奶的离开是怎么回事。今天对我说："我长大了要开车拉着爷爷、奶奶、爸爸、妈妈、姐姐……"

我说："巧儿，你再也见不到奶奶了。"

巧儿说："哦，我知道了，奶奶是在天上呢！"

妈妈，你听到了吗？你在天上好好的！儿子的心就是您的家，您永远在我心里。

·书讯·

天下泰山

葛剑雄　主编

山东画报出版社　2022年7月出版

定价：2000.00元

本书通过图像叙事展现人文泰山、自然泰山和人与泰山的和谐关系，从中阐释泰山文化以及泰山在中国历史长河中的文化意义。图像叙事节奏虚实结合，既有单一图像的体现，又有多图像的彰显，既从美学逻辑编排，又从学术逻辑着手。精心的编排实现了图像与精神的结合，是图像叙事出版实践的新方向。

我们家的全家福

何少布

每个家庭都会有全家福。它是一个家庭在不同历史时期聚合离散的真实记载，它是一个家族伴随时光而繁衍生息的如实描述。历史瞬间的定格带来团圆的喜悦，幸福的憧憬，还有离愁别绪，思亲黯然……

我父亲何剑峰，母亲吴引淑，他们都是江苏淮阴人，相识在抗日烽火中，结婚在抗战胜利后。1946 年秋冬，国民党军队重点进攻苏北解放区，由此拉开了解放战争（当时称自卫战争）的序幕，时任徐溜区区长的父亲奉命带领部队坚守敌后开展游击战，母亲将随主力部队北撤山东。分别之际，新婚不久的父母亲拍下了这张新婚照片。这是父母亲在战争年代留下的唯一夫妻合影，也是我们家第一张全家福（图 1）。

1948 年，父亲调到野战部队工作，先后在华野苏北兵团工作团、华野七纵后勤部、人民解放军第二十一军后勤部军械科任职。1949 年 3 月 27 日，渡江战役前夕父亲请假回家抱着初见面的女儿（我大姐），在渔沟镇照相馆拍下了我们家第二张全家福（图 2）后即匆匆返回部队。

大军渡过长江后，父亲所在的部队迅速南下参加了解放浙

131

图1 父母亲的新婚照。1946年11月摄于江苏省淮阴县渔沟镇。

江的一系列战斗，并于5月下旬入驻浙南名城温州市。部队驻温期间父亲担任温州市军管会敌财清理科科长。此后又先后担任过温州专署民政处副处长（主持工作），温州市支前委员会秘书长等职。1950年初调任泰顺县县长兼武装部部长。此时母亲也从苏北老区调到泰顺县担任民政科长，于是就有了战后团圆的第三张全家福（图3）。

地处浙闽交界的泰顺县，境内崇山峻岭土匪猖獗。在减租、反霸、剿匪的倥偬岁月中，1950年11月我出生了，来年春天就有了第四张全家福（图4）。

1954年，父亲调任温州森工分局局长兼党组书记，母亲随后也调任温州专署民政局民政科科长。全家搬到温州市区后，我相继添了两个妹妹。为照顾孩子，父母亲从老家接来外婆和四妈来温州，1957年春天，全家在温州南洋照相馆拍了这张其

图2 父亲怀抱大姐何玲合影。1949年3月27日摄于淮阴渔沟。

乐融融的全家福（图5）。

　　1957年开始"反右"，1958年"反右补课"。出身军人性格耿直的父亲被冠以"闹独立王国，推行资产阶级反动的任人唯才的干部路线"的罪名而遭到开除党籍、开除公职的无妄之灾。母亲仅因不愿与父亲离婚，便以"未能划清界限"的罪名，而被强制退党退职。全家被发配到瑞安县陶山镇福泉林场劳动改造。面临巨大的精神痛苦和经济压力，为了一家生存念想，父

图3 父母亲与大姐合影。1950年春摄于泰顺县。

母亲无奈将大妹妹过继给南京的四伯父，小妹妹托交外婆和四妈带回苏北老家农村抚养。父母亲领大姐、我还有早产的小弟一起到福泉林场接受劳动改造。1961年9月温州行署重新安排父亲工作，调到丽水县林场担任副场长，重新定级为行政十七级。结束了三年劳动改造，人生又有了新希望，全家搬到丽水后，到丽水照相馆拍下这张苦尽甜来祈盼幸福的全家福（图6）。

父亲有了稳定的工作，母亲打零工补贴家用，随着国家经

图 4　父母亲与大姐何玲、我合影。1951 年春摄于泰顺县。

济政策调整执行，我家的情况也好了起来。1963年秋天，父母亲从老家接回了分别六年的小妹妹，全家合影（图7）以庆团聚。

1966年"文革"开始，父母亲又一次被打倒，成为批斗对象而受尽折磨。"相信党"的信念，支撑住父母亲的精神世界而大难未死。1976年10月粉碎"四人帮"，结束了长达十年的"文革"动乱。拨乱反正，父母亲的冤案也获得彻底平反；恢复党籍和公职，恢复原行政级别和工资待遇。80年代初，我们兄弟姐妹也都结婚生子，成家立业，二老也相继离休。乙丑年（1985）春节期间，全家老少三代到丽水照相馆拍下了"文革"后的第

图5 全家福。前排左起依次为：我、大姐何玲、外婆岳玉花、大妹妹何晓平；后排左起依次为：父亲何剑锋、小妹妹何晓飞、母亲吴引淑、四妈沈华。1957年春摄于温州市南洋照相馆。

图6　左起依次为：我、母亲吴引淑、小弟何晓明、父亲何剑锋、大姐何玲。1962年春摄于丽水县照相馆。

图7 左起依次为：大姐何玲、母亲吴引淑、小弟何晓明、小妹何晓飞、父亲何剑锋和我。1963年秋摄于丽水县照相馆。

一张全家福（图8）。

　　1987年8月，过继给南京四伯父的大妹妹首次回丽水探亲。我们兄弟姐妹五人陪同父母亲在丽水万象山公园拍摄了这张真正的全家福（图9），曾经离散的家人渡尽劫波终于大团圆了。

　　离休后的父母含饴弄孙，颐养天年。1996年春节，全家人在自家院子里拍下这张四世同堂的全家福（图10）。同年清明节，外婆以九十七岁高龄辞世。这一年的11月20日父亲因

　　图8　全家福。前排左起依次为：小妹、小妹的女儿劳希雯、母亲、父亲、小弟的女儿何婷、我、我儿子何李悦、大姐夫胡益权、大姐的小女儿胡素芳；后排左起依次为：弟媳张加容、弟弟、小妹夫劳卫东、大姐、大姐的大女儿胡素勤、我的爱人李小萌。1985年春节摄于丽水市照相馆。

　　图9　左起依次为：大姐、大妹妹、父亲、母亲、小妹、小弟和我。1987年8月摄于丽水万象山公园。

图10　全家福。前排左起依次为：小妹的女儿劳希雯，我的儿子何李悦，
小弟的女儿何婷；中排左起依次为：小妹、我、母亲、外婆、父亲、小弟和弟媳。
后排左起依次为：小妹夫、大姐的大女儿胡素勤、大姐的大女婿邓勇、大姐
夫胡益权、大姐、大姐的小女儿胡素芳和大姐的小女婿方亮。丙子年（1996）
春节摄于丽水林业局离休干部院内。

病医治无效永远离开了我们，享年七十八岁。

　　从1946年到1996年的五十年间里，我们的国家经历了解
放战争、建国创业、"反右"斗争、"文革"浩劫、拨乱反正、
改革开放等时期，最终走向经济繁荣、政治清明的和谐社会。
这十张全家福照片也忠实记录下我们家在五十年里伴随着祖国
发展所遇到的悲欢离合，也见证了一个家庭从战争走向和平，
从坎坷走向祥和的心路历程，并最终衍变为一个拥有二十多口
人的何氏大家庭。

岳母参加了援藏医疗队

谷京城

岳母任素兰1934年生，晚年生活豁达、爽朗，凡事多替别人着想。

每当翻开影集，唠起当年她参加辽宁省首批支援西藏医疗队的两年生活，医务人员援藏的工作、生活情景便栩栩如生地浮现眼前。

岳母是锦州市妇婴医院的妇产科医生，1973年作为辽宁省首批支援西藏医疗队的队员，随队到西藏那曲地区，为当地藏族同胞行医治病。当年锦州市去了四个人，除了岳母还有锦州医学院附属医院外科医生朱庆章、锦州市医院内科医生武廉廉和锦州市二院内科医生穆子林。

初次进入西藏，岳母对乏氧的环境是逐渐适应的，呕吐、不适的情况很快就过去了。在那曲医院的医疗工作主要是接生和剖宫产、宫外孕的手术治疗。由于当地藏族同胞居住偏远，许多时候要外出会诊，较近距离的，则是当地藏族百姓骑马接送，所以，岳母也学会了骑马；距离较远的，如申扎地区，就由当地政府的汽车接送会诊了。

那时的无菌手术条件是简陋的，手术时医护人员用的帽子

图 1 援藏医疗队全体支部委员留影。左起依次为：于盈年、申卫佳、任素兰、吴振中（医疗队长，书记）、侯秀媛、濮书刚（医疗队副队长）、韩守义。1974 年 12 月摄于那曲专区医院门前。

和口罩都是布的，而且共用，所以术后要洗好自己用过的口罩和帽子，经统一消毒后再用。

医疗队一共五十七人，吴振中任队长兼党支部书记，他来自沈阳中国医科大学。有事都是党支部开会商量后决定执行，支委成员有：侯秀媛（来自沈医）、申卫佳（来自沈医）、吴振中（来自沈阳）、于盈年（来自旅大）、韩守义（来自鞍山）、濮书刚（来自鞍山）、任素兰。

那曲地区海拔四千六百米，生活艰苦而单调，没有收音机，

图 2　1974 年，岳母在拉萨布达拉官前。

图3　较近的会诊，岳母需骑马前往。

也不见有线电话，就连压水的水井也只是医疗队和区政府的院
里有。有一家供销社，可见有限的生活用品。医疗队的作息时
间是严格的，特别是休息时外出需请假，而且不允许单人外出。
岳母他们去布达拉宫参观是医疗队统一组织的，瞻仰了金碧辉
煌、庄严肃穆的高原宫殿，还留影将照片寄回了家。休闲时，
岳母还穿上藏族服装，在医院外的草坪上拍照留念，体验藏地

图 4 岳母与张雪莲医生（右）着藏服合影。张雪莲是来自沈阳的儿科医生。

风情，苦中寻乐。

转眼，快半个世纪过去了，但援藏的经历无疑拓宽了岳母人生历程。

国家对援藏人员也给予了很高的荣誉和照顾。老人退休后的工资由五类地区调为六类地区，尽管只是增加了百分之五，也体现了国家对"在人民需要时，勇于奉献者"的关怀。

李子义家族与东吴大学

李鸿捷

1900年庚子事变后，清廷推行新政，在教育领域的举措主要有：废科举、办学堂、派遣留学生。此后，教会大学在中国近代教育和现代化的进程中扮演了重要的角色，为中国高等教育的发展及人才培养作出了重大的贡献。

1901年美国监理会（American Methodist Episcopal Church，South）在苏州天赐庄创办了一所西式大学——东吴大学。在创办东吴大学之前，美国监理会已经在苏州建有博习书院（Buffington Institute）、宫巷书院（KungHang School），在上海建有中西书院（Anglo-Chinese College）。东吴大学成立后，学科逐渐发展成包括文、理、医学、神学及法学（在上海昆山路原中西书院旧址），并发展成拥有四所附中、二十所附小和惠寒小学及吴语科学校等组成的完整的东吴教育体系。

在东吴大学五十一年的历史中，一共产生过四位校长。创办初期的二十六年，历经三任美籍校长为：孙乐文（David L. Anderson，1850—1911）1901年至1911年任校长；葛赉恩（John W. Cline，1868—1955）1911年至1922年；文乃史（W. B. Nance，1868—？）1922年至1927年。后二十五年则由一位中

图1 李子义夫妇（中坐二人）。后排：左一李伯莲，左二李仲覃，左三李叔青，左四李福生，左五史拜言。二排：左一李伯莲妻张氏，左二李仲覃妻蒋氏，右一李凤珠，右二李巧珠。摄于19世纪90年代初。

国人担任校长：杨永清（1891—1956），1927年至1952年。

在1935年出版的监理会在华第五十届年议会的Golden Jubilee纪念册中有上面这张照片（图1）：照片上边的英文说明为："我们教会中的李氏家族"；下边的说明为："李子义牧师一家为基督教的领导人员贡献了李伯莲、李仲覃博士、李叔青医生。李子义夫人享寿九十岁。"

李子义（1844—1904），是江苏省松江府南汇县（今属上海浦东新区）人。19世纪60年代经美国监理会传教士蓝柏（J. W. Lambuth）劝说，李子义来苏州居住，在钟楼（今方塔）附近落户。据监理会记录，李子义于1869年受洗，1878年被册封为牧师，1891年在常熟被列为执事，1893年被列为嘉定的牧师并升任长老。

李子义的后代

李子义与夫人先后生子伯莲、子仲罩、女凤珠、子叔青、女巧珠、子福生。

自李子义迁居苏州后，李氏家族与苏州、特别是与东吴大学及其前身产生了千丝万缕的联系。

李子义的长子李伯莲（1867—1932），出生于苏州。1869

图2 第二排：右一李伯莲、左一李仲罩。第四排：右二李叔青、右三温惠玉（李叔青妻）、左一李子义夫人。第三排：左二李骏恩（李叔青长子）、左三李静（李叔青长女）。摄于1905年左右。

图 3 吴语科学校师生合影。前排右三李伯莲,二排右五文乃史,三排右二史致瑟。

年两岁的李伯莲与其父一起接受洗礼,是苏州地区第一个接受洗礼的孩童。1876 年李伯莲进入存养书院学习,1879 年存养书院并入博习书院,1887 年李伯莲毕业于博习书院,获得由院长潘慎文(Alvin P. Parker)签发的文凭。毕业后李伯莲留校任教。

1901 年东吴大学创立,李伯莲被聘为提调(学监,即教务长),担任此职长达近二十年,与林乐知(Young J. Allen)、孙乐文(David L. Anderson)等一起为东吴大学的创办奉献巨大。李伯莲曾任 1906 年创办的《东吴月报》总经理,1917 年被公推为出席美国监理会总议会代表。20 世纪初,监理会为了让新来的传教士更有效地在吴语区从事传教、医疗和教育工作,计划对他们进行吴语培训,东吴大学被授权筹办吴语科学校,1920 年 1 月开学,副校长文乃史(W. B. Nance)任吴语科校长,聘请李伯莲为主管教师。

李伯莲亦热心传教工作,在苏州城郊传道之余,又推动监理会在东北的活动,并出任其弟李仲覃主持的圣约翰堂董事会主席及主日学校校监,以及在苏州建立基督教坟场。

李伯莲继室史致瑟，为东吴大学教授史拜言之妹，史拜言的妻子李凤珠则为李伯莲之妹。史拜言与李伯莲同在 1887 年毕业于博习书院，后曾在中西书院教书。史致瑟之姐史淑贞嫁给了谢洪赉（1873—1916），谢洪赉在 1892 年与李仲覃一起毕业于博习书院，受到院长潘慎文赏识。1895 年潘慎文去中西书院主持院务，即邀请谢洪赉来上海，出任图书馆管理员，次年升任为教授。此后，谢洪赉在中西书院执教十余年。教学之余，也从事译述与著述，他与潘慎文合作翻译了《格物质学》《八线备旨》《代形合参》等三角、代数、几何类的教科书以及《旧约注释》等书。还应商务印书馆之邀，编辑出版了中小学教科书十余种，如《瀛环全志》《华英初阶》《英文进阶》《中英文典》等。谢洪赉也是中华基督教青年会的创始人之一。

李子义的次子李仲覃（1870—1941），1892 年毕业于博习书院，后曾在宫巷书院任教，亦在东吴大学教授神学，学生包括首位东吴神学院毕业生、后曾任东吴大学华人董事长的江长川。李仲覃曾担任东吴大学董事。李仲覃一生从事传道工作，三十岁起历任监理会苏常沪区内主任传道、教区长和会督，六十岁后改任优额传道。1907 年基督教入华百年庆祝大会，他被选为总干事。1920 年获美国基督教名校 Randolph Macon 学院颁赠的名誉博士学位。李仲覃是天赐庄监理会圣约翰堂首任华人牧师，任期由 1910 年至 1936 年。1941 年李仲覃去世后，会众在堂内立碑纪念。

李子义的三子李叔青（1875—1908），出生于苏州，十一岁时进入博习书院学习，一年后前往上海约翰书院读书，十六岁时受大美监理公会（即美国圣公会）文监督的按手礼（即坚信礼，入公会的礼文）。1892 年考入天津北洋西医学堂，在天

图4 左李仲覃，中杨维翰（杨永清之父），右李叔青。

津遇见宣道会守真堂牧师伍约翰（John Woodberry）夫妇讲道，开始简朴敬虔的生活，并热心于传教。1897年毕业后留在学校长达两年，坚持每天讲道。1899年回上海，1900年受聘于中西书院教授英语，同时向学生传教。

李叔青1904年5月20日来到苏州，1905年受聘于东吴大学教授英语、《圣经》。在苏州期间，他和二哥李仲覃一起祷告查经。在1905年监理会于苏州天赐庄召开的年会上，他的讲道充满力量，甚至使许多西方传教士拜服，因之声名远扬。1905年底他辞去东吴大学教职，专心传道。1906年2月上海各公会请他讲道达两个星期，每天晚上的聚会吸引了中西男女老少，每次均有六七百人参加。此后他举家迁往上海。同年，南京的基督教五公会特设复兴会，请他和余慈度前往讲道十天。此后，李叔青走遍大江南北，主领布道奋兴大会，不少名牧都曾在讲道时作证受他的影响而全身投入教会工作，如俞止斋、陈崇桂、成寄归、诚质怡。1907年，他与二哥李仲覃及余慈度一起参加了基督教入华百年庆祝大会。

　　李叔青1908年8月14日因病在莫干山去世。1908年9月

　　图5　李叔青与妻温惠玉及子李骏恩、长女李静、幼女李诚。摄于1905年左右。

10 日在上海西人坟山举行的葬礼上，孙乐文用英语追述李叔青一生的要事，俞止斋用中文读李叔青的传略。孙乐文为东吴大学第一任校长；俞止斋 1897 年毕业于博习书院，1899 年毕业于中西书院，后与李叔青在中西书院同工。

李叔青去世后不久，伍约翰牧师和夫人在 1908 年 9 月号的《教务杂志》（Chinese Recorder）上撰写"悼念李延生医生"（叔青为号，延生为名）一文。文中提及李叔青是"二位备受敬爱的监理会牧师的儿子和孙子"。由此推知李子义的父亲似乎也是一位牧师，但笔者以为这条信息是个孤证，尚有待历史学家进一步确认。

李伯莲后代

李伯莲娶张氏为妻，生女虞贞、子骏惠、女苏贞。1894 年张氏病故，1895 年李伯莲娶史致瑟为妻，生女美莲、子骏耀、女悦霭、子骏保、女璐嬛、女灵承。

李伯莲长女李虞贞（1890—1966），嫁给了杨豹灵（1887—1966）。杨豹灵 1904 年毕业于东吴大学附一中，系首届毕业生，后进入东吴大学学习。1907 年 6 月，两江总督端方在《申报》上发出牌示，向社会公布选送男女生赴美留学。经考试及调整，最终赴美留学人数为男生十一人，其中有胡敦复、倪锡纯（宋庆龄的小舅舅）、杨豹灵；女生四人，其中有胡彬夏（胡敦复妹妹）、宋庆龄。8 月 5 日前后，在温秉忠等的护送下，四名近代中国首批官费留美女生连同十一名男生，以及一位编外的小女孩宋美龄，一起乘坐"明尼苏达"号邮船赴美。温秉忠系 19 世纪 70 年代清廷派出的首批留美幼童，是李叔青妻子温惠玉的养父，也是宋庆龄、宋美龄的小姨夫（温秉忠原配系关月屏，续弦系倪秀珍）。赴美后，杨豹灵入读康奈尔大学，毕业于普渡大学。回国后投入毕生为之操劳的水利事业，1936年出任天津市工务局局长，抗战胜利后出任海河工程局局长，后改任天津市政府外事处处长。1924年，杨豹灵捐四千银元设立东吴大学首个奖学金。

李伯莲长子李骏惠（1891—？），早期在东吴附中学

图6 前排中坐史致瑟。二排：左一李骏耀，左二李苏贞，左三李悦霭，左四李灵承，左五李美莲，左六徐兰珠（李骏耀妻），左七李璐嬉，左八陶湘文（李骏保妻），左九李骏保。三排：左一李骏惠，左二林德光（李灵承夫人），左三王以敬（李璐嬉夫），左四蔡炳仁（李悦霭夫），左五叶凤池（李苏贞夫）。

习，1912 年毕业于东吴大学，取得文学士学位，后负笈美国 Vanderbilt 大学药剂学院进修，在校内药房充任助理，1915 年写成《制药学之范围》，1917 年取得药剂学博士学位。回国后曾担任商务印书馆化学顾问，后加入美商慎昌洋行（Andersen Meyer）工作。

李伯莲二女儿李苏贞（1893—1974），嫁给了程人杰（1892—1980）。程人杰在 1913 年毕业于东吴大学，取得文学士学位，他们的长子程义鸿也是东吴校友。

李伯莲二子李骏耀（1901—1978），1923 年寒假毕业于东吴大学，获理学士学位。李骏耀在校期间非常活跃，在 1920 年 5 月校运动会上获得全校个人总分第一，并在跳远、标枪等单项上获得第一；在 1922 年 5 月南京金陵大学举行的华东八大学体育联合会田径比赛中，东吴大学以四十二分获团体总分第一，其中李骏耀以十五分获个人总分第一。李骏耀毕业后曾到伦敦经济学院进修，回国后曾在励志社任事务股长，后进入中央银行，曾任业务局副局长、发行局局长等职。去台湾后，李骏耀 1953 年获派到美国纽约美援会办事处工作，几年后返台任宋美龄私人秘书。1958 年宋美龄成立防痨协会，他出任常务理事。至 20 世纪 60 年代他仍然未脱离财金系统，继续充任"中央银行"董事。1963 年获美国监理会办的 Lycoming 学院荣誉文学博士。李骏耀 1942 年任东吴大学董事。1934 年东吴大学为修建司马德体育馆募捐，李骏耀个人捐款三十大洋，抗战胜利后，东吴大学复校时李骏耀捐款最多。李骏耀娶徐兰珠为妻，他们的儿子李卫道、女儿李毅道均是东吴校友。

李伯莲三子李骏保（1906—1987），1927 年获东吴大学文学士学位。李骏保在校期间曾是东吴大学足球队队长，毕业后

图 7　李骏保结婚照，后为文乃史。摄于苏州圣约翰堂。

曾在励志社任会计科长，后经商取得了很大成就，在上海代理美国派克汽车起家，去台湾后取得福特汽车在台独家总代理权。

李伯莲五女儿李璐嬉（1911—2004），1933年寒假毕业于东吴大学，获文学士学位。夫婿为上海泌尿外科名医王以敬。

李仲覃后代

李仲覃妻子蒋氏为常熟望族，生子骏德、子骏康、女鸿贞、子骏英、女莲贞、女淑贞。

李仲覃长子李骏德（约1896—?），1918年获东吴大学理学士学位。在校期间是学校足球队成员，1916年参加东方六大

图8 李仲覃与众孙辈合影。李政道图书馆供图。

图 9 蒋氏与众孙辈合影。李政道图书馆供图。

学足球竞标赛; 作为东吴大学网球队员, 曾多次获网球比赛冠军。毕业后在博习医院从医, 担任总务会计主任、副院长、代理院长。除了当医生外, 他在东吴大学及博习医院担任医科教授数十年。李骏德长女李雅静也是东吴校友。

李仲覃次子李骏康 (? —1953), 1915 年毕业于东吴大学附一中, 并于 20 世纪 20 年代初期在东吴大学附二中担任过教师。李骏康是南京金陵大学农业化学系的第一届毕业生, 大学毕业后进入上海一家德国化肥厂工作。李骏康的三儿子是著名物理学家、1957 年诺贝尔奖获得者李政道 (1963 年入美国籍, 故系首位获得诺贝尔奖的中国人), 李政道在 1938 年十二岁那年从上海国光中学转学插班就读于东吴大学附一中初二, 成绩优良。他的二哥李崇道那时正在东吴大学附中读高中, 后来在东吴大学文理学院化工系学习, 全面抗战时来到大后方入读广西大学农学院兽医系。抗战胜利后入南京农林部畜牧实验所工作，1947年应邀赴台到省农林厅兽疫血清制造所工作。1950年加入农复会，后赴美，在康奈尔大学读取兽医病理系博士后返回农复会工作，1973年出任农复会主委，1981年退任，李崇道为台湾的农业现代化贡献良多。后曾担任中兴大学校长，卸任后曾任"考试委员""中央研究院副院长"。

李仲覃三子李骏英（？—1941），同样出自东吴。在孤岛时期的上海，出任《大美晚报》副经理兼广告部主任。该报创刊于1929年，英文名为 *Shanghai Evening Postand Mercury*，面

图10 温惠玉（前排坐者）及众子孙合影。1935年左右摄于上海。前排左至右依次为：欧文洁，丁保训，温惠玉，李祖德；后排左至右依次为：欧永康（李诚夫），李诚，萧黛瑞（李骏恩妻），李骏恩，李静，丁佐成（李静夫）。

159

图 11 李骏恩结婚照。20 世纪 20 年代后期摄于上海。

向美国侨民发行。1933 年增出中文版，全面抗战爆发后，经常刊登宣传抗日文章。日伪对该报至为痛恨，派遣特务先后在 1939 年 8 月及 1940 年 7 月暗杀了副刊《夜光》编辑朱惺公以及《大美晚报》总编辑张似旭。1941 年 6 月 23 日，李骏英在马路上突遭刺客开枪打死，震惊中外。国民政府明令褒扬李骏英"力持正义，宣扬国策"，全国各大报章都向李氏遗族致唁电慰问。

李叔青后代

李叔青妻子温惠玉为留美幼童温秉忠与关月屏的养女，生子骏恩、女静、女诚。李叔青去世时，三个儿女分别只有七岁、五岁和三岁，由温惠玉出外教书一手独立养大。

李叔青的儿子李骏恩（1901—1980），曾就读于上海东吴大学附二中。李骏恩任美商普益地产公司（Asia Realty Co.）的会计主任和华人经理达数十年，直至 20 世纪 50 年代初公司在中国大陆结束经营业务。普益地产公司创办于 1925 年，老板是美国商人雷文（Frank Jay Raven），1939 年公司被美国商人毕乐斯（E. P. Bills）收购。至 1949 年，公司在上海拥有物业二百四十幢，建筑面积达八万平方米，其中不少为上海的地标建筑。与著名匈牙利设计师邬达克合作的就有：今永嘉路、乌鲁木齐南路的普益地产公司花园住宅七幢，今新华路的哥伦比亚住宅圈（Columbia Circle House，现"上生新所"），今虹桥路的雷文住宅等。另外还有今四川中路 110 号的普益地产公司大楼旧址、今南京西路 886 弄的大华公寓、今新华路的外国弄堂等。

我与老解放牌货车

刘仁波

　　提起老解放货车，大概现在的九〇后、〇〇后都十分陌生。然而，20世纪七八十年代以前，特别是五六十年代以前出生的人们，对"老解放"都十分熟悉。而我们这些驾驶过"老解放"，如今已过花甲的人，对"解放牌"更是情有独钟，每每道来，总是喜上眉梢。这并不单单是它曾伴随着我们一起长大，重要的是我们曾驾驶过它驰骋在祖国的山水之间，用曾经很流行的话说："我骄傲！"

　　老解放牌货车是由第一汽车制造厂（长春）于1956年生产的我国第一款大货车，它的载重量为四吨，后驱，可拖带4.5吨重的挂车。车上装有六缸汽油发动机，最大功率为70千瓦，匹配5速（前进）手动变速箱，最大时速为75公里／小时，满载时经济时速为33—35公里／小时，百公里耗油29升。木制的货箱长度为3.6米、宽2.2米左右。

　　虽然这款货车车体较小，速度较慢，耗油相对较大，没有转向等助力，也没有影碟及可供驾驶员休息的卧床等辅助设施，无法与现在飞驰和穿梭于公路、工地、厂矿上的长箱、长挂、大型自卸货车相比。但在当时，它不仅是新中国货车的始祖，

图1　行驶途中，给汽车补冷却水。

更是我国陆路运输的重要工具。肯定地说，老解放牌汽车，为
社会主义的建设和发展，立下了不可磨灭的功绩，在我国汽车
发展史上占有重要的一席之地，在共和国的丰碑上涂过重彩的
一笔。

　　当年，我们大部分下乡到东北生产建设兵团（现改为农
场）的年轻男性，都向往着能当上一名解放牌货车的驾驶人员，
因为这不仅是身份地位提高的象征，更是打破食堂—田间—宿
舍—学习室那整年不变的固有格局，寻求和满足青年人"放荡
不羁"、好玩好动脾性的首选职业。但由于那时知青和当地青

年很多，竞争激烈，加之兵团的车辆有限，选拔的条件又十分苛刻，因此，很多人只能是望车兴叹。那些下乡到我们周边农村的知青们就更加可怜了，他们别说不敢有当驾驶员这种奢望，就是日常想见见解放牌货车尊容的机会都很少，因为汽车在当时属国家统一调拨物资，兵团占有绝对的优先享用权，农村就很少享受到这个待遇，几个公社能拥有一台解放牌货车，已经是凤毛麟角了，他们日常的运输，除了人挑肩扛以外，就是牛

图2　少年也喜欢在老解放汽车前留影。

马车。所以，这些落户于农村的知青及农村当地的青年，有事没事就来我们的连队逛逛，如机遇巧合，兴许就能目睹到兵团团部下连队送货接物或来支农的车辆，看一看，摸一摸，以获取心理上的满足，如果能幸而上驾驶室里坐一坐，更是喜形于色，乐不可支，似乎是从此便有了炫耀的资本，大有"如此一生无虚度，眼界身份大不同"的感觉。

1978 年冬，在自己不懈的努力和亲朋的帮助下，我这个被当时单位领导定为后备干部重点培养对象的人，终于"弃文从武"，如愿以偿地当上了老解放货车的学员，实现了自己多年梦寐以求的愿望。

说句实在话，老解放的整个车身没有现代货车那样流光溢彩，也无从谈起它的舒适、美观。夏天在驾驶室里，光着身子犹觉热，冬季开车，穿着皮袄尚嫌冷。再说当年不仅无高速公路，连水泥、沥青路面都少之又少，应该说从事货车驾驶员这项工作就意谓着艰辛和比其他工种需要更多的付出。特别是东北的边远地区，由于气候和地域环境所造成的"冬天雪漫山川，滴水成冰；夏季积水成渊，道路泥泞"的局面比比皆是。低质的道路和恶劣的自然环境，是对每个驾驶人员意志与能力的巨大考验。加之那时没有售后服务的 4S 店，更没有现在这些随处可见的汽车修理厂（店），故日常对于汽车的保养、维修，只能靠驾驶人员独立完成，这就对司机提出了更高的要求，不但要具备吃苦耐劳的精神和娴熟的驾驶技术，更要有懂得各部件的工作原理和修理的技能，否则你将举步维艰。

东北与南方（包括长城以南）最大的差异是气候和土质的不同，冬季比较漫长且十分寒冷，零下四十几度是"家常便饭"，再有就是农垦当初开发时便遵循的"先治坡（耕地）、后建窝

图3　笔者坐在同事的解放牌运油车驾驶室内留影。

（住房）"的不成文规定，根本就顾及不到给汽车建盖越冬的暖库，所有运输工具等全部露天停放，加之那时既无防冻液，又无冬季润滑油，所以即便是停上两三个小时的车，也要将水箱和发动机的水放掉，否则就有冻坏水箱、冻裂发动机机体的危险。变速箱和后桥中的齿轮油、发动机中的机油同样也会因受冷而凝固。几个小时是这样，停了一夜间的呢？这就要求每个驾驶人员要早于其他工种的工作人员几个小时上班，顶着凛冽刺骨的寒风，用炭火（后来有了汽、柴油喷灯）慢慢地熏烤加热发动机润滑油底、变速箱和后桥，使其受热稀释，达到预期的状态，再将提前烧沸的水反复加于汽车的水箱和发动机中，这才能使汽车点火发动，正常行走。

上边所述对我们来说真的不算什么，因为毕竟在停车地，冷了还可忙里偷闲地去水房烤烤火取暖。最为闹心的是行驶的途中，循环在水箱中的冷却水也会被寒风吹冻，导致汽车"开

图4　笔者（左）与同事在老解放车前留影。

锅"。每每这时，驾驶人员可就有的苦吃了，因为既要慢慢地熏烤水箱，使之解冻，又要用器皿溶化雪水，补充于发动机和水箱中。顺利时十几分钟即可烤化水箱中的冻冰，不顺利时要多达几个小时。

如果说，冻水箱就是日常出车时唯一使我们受苦受累的事情，那就太"抬举"了，殊不知，等待我们的还有那正常行驶在冰雪路面上汽车突然来个 180 度大调头或侧滑于路边；较为平坦的路面上突遇昨夜被狂风吹起的纵横雪岭；先前路上的坑洼地被浮雪填平掩盖，车辆突然深陷，进退不能……

冬去春来，种种的艰辛并没有因为冬的逝去而消失。由于东北地区的农垦开发时间相对较晚，从十万官兵进驻北大荒到我们当时所处的时段，满打满算也就只有短短的二十余年。特别是我们所处的又是偏远地区，很多基础设施和配套工作都没有完善。就拿道路一项来说，很多都是利用过去羊肠小路或是在荒野上随意开通的窄路，用砂土稍加铺垫便成了机动车辆行驶的路，这样的路面基础不实，极易陷车，这是其一；东北地区黑土层较厚且松散，遇有降雨天气，这些吸了水的土便变得十分泥泞，看似很好的路基，车一上去便打滑深陷；三是东北地区冬冻春化，大地翻浆，处处隐藏着隐形陷车危险。上述三种状况，就导致了陷车次数的增加，而往往车辆深陷于泥土中又必须靠外援，有时需两台"东方红"54 马力的链轨拖拉方能将载满货物的汽车从泥坑中拉出，等待这种外援的时间是无法保证的，也许几小时，也许几天。所以，我们那时冬夏出车，从不敢忘记带五种物品，即铁锹（自挖自救）、零配件（车辆易损的）、防寒服（夏季夜晚也很凉，冬季自不必说）、钢丝绳和几个馒头（以防前不着村、后不临店时充饥之用）。所以我们出车，不用和家中人保证几日回归，家人也从不问，因为谁也说不准此次出车能不能避免陷于荒郊野外，要走多远用时多少能找来救援的车辆（那时没有移动电话）。好在那个年代"夜不闭户，路不拾遗"，无论多晚你叫哪户陌生人家的门，主人都会满腔热忱地将你迎入房中，嘘寒问暖，帮着排忧解难。甚至那些停陷在野外路上的车辆和货物，也大可放心，几天过去都不会丢失一件……

看起来，做老解放货车驾驶员很是辛苦，但苦中有乐，乐此不疲。仍有很多年轻的男性，放弃了坐办公室、当医生、做教师等优越的职业和环境，想方设法要当一名老解放货车的驾驶员，可见，开货车的在当时是多么名声显赫，多么吸人眼球，备受青睐。故此我个人也没觉得有什么艰辛，相反却津津乐道，并为一生中能有此经历而备感殊荣。

驾驶老解放期间，我收获了爱情，也得到了历练，为以后所从事的多项工作积攒下了宝贵的精神财富。

数载已过，人暮物稀。老解放牌货车已随社会的发展渐渐淡出了人们的视线，但它所承载的那段历史，铸就的那些辉煌必定载入史册，它所留给我们的回忆，必魂牵梦绕！

拍摄深挖洞的往事

孙家骐

　　这张题名《深挖洞》照片，是在济南丁字山下乳品公司院内地下拍摄的。这张照片被许多人防工程作为宣传片，至今张贴在济南的许多地下商城进门迎面的通道墙上。这是我拍摄过的作品中，使用时间最久的一张照片，1978年曾发表在《解放军报》上。

　　20世纪70年代初，毛泽东发布"深挖洞，广积粮，不称霸"的最高指示，济南市便掀起了轰轰烈烈的挖防空洞的高潮。当时我还在工厂里，厂长在大会上号召要"深挖洞、准备打仗"。烘炉匠便忙活起来，都来找他们帮忙打小铁锹，自然我也不例外。我有个铁匠朋友，他用汽车弓子板给我打了一把铁锹，又坚硬又顺手。回到住的地方，环顾院里没地方可挖，屋子就十平方米，怎么办？只有方桌底下有个九十厘米见方的地面，就在这底下挖吧！说干就干，我便像地鼠一样在桌子底下忙碌了起来。没多久，房东慌慌张张地来找我说："你不能挖，这房子当年盖得就凑合，你挖洞不慎动了地基，房子就要塌了！"一听，吓了我一身冷汗！想想没让敌人飞机投弹炸死，自己先砸瘫了，实在不值，便停下了。这时我们工厂接到市防空办的任务，在火车站附近挖地下干道，我被选中，在地下刨土、推石、运水泥、

图 1 发表于 1978 年 4 月 5 日《解放军报》的照片《深挖洞》。

架梁,什么都干。流过汗、流过血,也受过伤! 每天在地下掘进,干了一年,我被累得筋疲力尽,突然萌生了一个想法,如果有台机器整体推进、挖掘那该多好! 这在当时就是个梦!

我所在的单位属济南市槐荫区。区武装部要用照片的形式反映民兵建设工作。找到我们厂长,说明来意,要借调我去拍摄照片,厂长满口应允,民拥军嘛! 第一个去拍摄的地方是到灵岩山下的一个单位,这单位擅用地雷,据说在 1964 年全国民

图2 解放阁下听首长讲打济南的故事。摄于 1978 年秋。

兵大比武中还得了奖。有一个女民兵光荣负伤，失掉了一只胳膊，但仍然坚持训练。我带着非常仰慕的心情见到了民兵队长，是个五十多岁的退役老战士。他说："你拍我们用地雷打飞机吧。"我听过高射炮打飞机，还没听说过用地雷炸飞机的事呢！带着好奇好玩的心情，到收割过的庄稼地里，看他指挥一些十八九岁的小青年挖坑埋地雷。在坑中，先埋一个大地雷，大地雷上面又放上几个小地雷，就等敌人飞机来了。他说："敌人飞机一来，拉响大地雷，崩起了小地雷，小地雷一爆炸，天女散花，就能炸掉来犯的飞机。"我不懂，不敢恭维，至今不敢信，也不知道能炸下什么型号的飞机。不管怎样，我还是选了角度，拍了许多照片。队长看出了我的消极态度，向武装部的干事告了我一状（事后才知道），就打发我回来了。

后来听说，济南乳品公司防空干道挖得好，我又抱着好奇去了。来到地下，果然不同凡响。厂长说："我们这个地方，得天独厚，地道上面有一块面积像篮球场大的石板，不会出现塌方。所以我们的干道挖得宽、挖得大。"基干民兵生龙活虎，干得非常带劲，我也被深深地感染。立即端起海鸥4A120相机，又请人帮我举着闪光灯，稍作安排，就连着拍了几张挖防空洞

图3　济南民兵在训练。摄于1978年。

的照片，冲洗出来，武装部的领导很满意。为了感谢我，就叫干事带着我去北京到解放军报社投稿。报社编辑看了照片，立即拍板：第二天见报！

第二天就是1978年的4月5日，清明节，我去了毛主席纪念堂，瞻仰了伟大领袖毛泽东主席。

后来，武装部还叫我把这几十张反映民兵训练的照片制作成幻灯片，在全市各大电影院放映。

征　稿

《老照片》是一种陆续出版的丛书，每年出版六辑。专门刊发有意思的老照片和相关的文章，观照百多年来人类的生存与发展。

对稿件的要求：所提供的照片须是20年以前拍摄的（扫描、翻拍件也可），且有一定的清晰度，一幅或若干幅照片介绍某个事件、某个人物、某种风物或某种时尚。文章围绕照片撰写，体裁不拘，传记、散文、随笔、考据、说明均可。

编辑部对投寄来的照片，无论刊用与否，都精心保管并严格实行退稿，文字稿恕不退还，请自留底稿。稿件一经刊用，即致稿酬。

来稿请寄：山东省济南市英雄山路189号B座　山东画报出版社《老照片》编辑部

邮　编：250002

E-mail：laozhaopian1996@163.com

网　址：www.lzp1996.com

电　话：（0531）82098460（编辑部）（0531）82098460（邮购部）
　　　　（0531）82098479（市场部）（0531）82098455（市场部）

邮购办法：请汇书款至上述地址，并标明收款人"山东画报出版社有限责任公司"和注明所购书目。

邮发代号：24-177

《老照片》网站与微信公众号

官方网址：www.lzp1996.com

微信公众号：山东画报出版社老照片

安徽采石矶名胜旧影

刘　东

采石矶位于安徽省马鞍山市（旧为当涂县）长江之滨，因地势险峻、风光绮丽，而与南京燕子矶、岳阳城陵矶并称为"长江三矶"。相传这里能采拾到五彩石，故得名"采石矶"。而它更早的名字叫"牛渚矶"，传说在它的下面有个深不可测的洞穴，洞里住着金牛魔怪，时常兴风作浪，吞没江面上的船只，使无数人丧生，因此得名"牛渚"。金牛魔怪虽然不可信，但反映了这里险峻的地形，江流湍急，风浪汹涌。唐代大诗人李白有诗曰："海潮南去过浔阳，牛渚由来险马当。横江欲渡风波恶，一水牵愁万里长。"

因采石矶重要的地理位置、瑰丽的自然风光，历代文人墨客常游历于此，故这里也留下了较多的名胜古迹。本文介绍的这组老照片，拍摄于1954年，包括采石矶的太白祠、清风亭、然犀亭、三元洞、广济寺、观音阁、镇溪桥等名胜，是较为难得一见的影像资料。笔者结合相关史料，略加考证。

一、晚清彭玉麟重修太白祠

采石矶最重要的名胜当属纪念唐代大诗人李白的"李公青莲祠",也称"太白祠"。李白不仅多次来过当涂采石矶,留下多首诗篇,更是终老于此。后世文人关于采石矶的诗句,多半会提及李白,而采石矶的太白祠、太白楼更是人们游览、追思的胜地。

公元762年,贫病交加的李白投奔时任当涂县令的从叔李阳冰,此时日渐病重的李白自知时日不多,将诗稿托付李阳冰编集。次年初,在李阳冰帮助下,《草堂集》十卷编成,李阳冰撰《草堂集序》。这年冬,李白病逝于当涂,时年六十三岁,葬于当涂县城南十里的龙山东麓,后迁县东南的青山之阳。

为纪念李白,唐代元和年间(806—820)采石矶太白祠始建,后多次毁于战火,又得以重修、复建。清廷平定太平天国后,长江巡阅使彭玉麟(1816—1890)推动并出资重修"太白祠",正门上方门额为"唐李公青莲祠"(图1)。祠内的主要建筑是太白楼,从照片中可以看到院墙内有一座飞檐翘角的重檐歇山顶式建筑,上层檐下悬一块匾额,书"谪仙楼"三字。

据民国时期的《当涂县志》记载:"唐李公青莲祠,在采石山五通殿左……咸丰时毁于兵燹,同治初由住持道衲募建茅屋三间,光绪元年(1875)长江巡阅使彭玉麟捐资重建。中有楼屋三间,肖太白卧像,正殿三间,肖太白坐像。"这组照片中,不仅有唐李公青莲祠和太白楼外景,还有楼屋内的"太白卧像"(图2),塑李白半躺侧卧于榻上,头戴官帽,脚蹬朝靴,长须浓黑,右手端握酒杯,刻画出"诗仙"的洒脱形象。

图1 唐李公青莲祠

图2 太白卧像

177

图 3 清风亭

　　太白楼后有一亭，名曰"清风亭"（图 3）。从照片中可以看出是一木结构的六角亭，茅草顶。清风亭所在的院落虽不大，但院墙、花坛等修葺得很整齐，草地中间有砖石铺砌的路面，在那个年代算是一处不错的景点。

　　清代时，当涂县是太平府府治所在地，晚清时安徽学政、长江水师提督署等重要机构都曾设于此地。彭玉麟因长期指挥长江水师，与当涂有着很深的缘分。他捐资重建太白祠，太白

图 4 太白楼与彭刚直公祠

图 5 然犀亭

图6 然犀亭碑

楼内也保存有一方他所绘梅花及所作四首梅花诗的石刻。由于
这层渊缘，长江水师提督李成谋奉勅建彭刚直公祠于采石矶太
白祠旁（图4）。民国《当涂县志》载："彭刚直公祠在采石
山麓太白楼左，即承天观遗址，祀清赠太子太保谥刚直彭公玉
麟。先是光绪十三年（1887）水师提督李成谋奉勅建立彭公生
祠，十六年（1890）公薨后，改为专祠。"从这张旧影中，能
够比较清楚地看到，较远处的一个门洞上方有飞檐翘角的门楼，

图 7 俯视三元洞。

与图 1 对比，可以知道这是太白祠，而近处位置的这个门洞上方为牌楼式建筑，门前有一对抱鼓石，这正是彭刚直公祠。该门楼及抱鼓石仍存，现改为"李白纪念馆"的正门。

二、然犀亭与三元洞

然犀亭位于采石矶南端，是一座碑亭。这张照片（图5）中，亭子为四方石柱亭，顶上的瓦片掉落了不少，显得较为破败。相传然犀亭始建于东晋，名将温峤至采石矶，听闻矶下有水怪，命部下燃犀牛角照之，水怪遂灭，后人建亭以纪念。另一张亭内石碑的照片（图6），可以看到碑上行书"然犀亭"三字，右侧书"光绪壬辰（1892年）秋月"，左下落款"李成谋书"。

李成谋（1830—1892）是第二任长江水师提督，任职时间为同治十一年（1872）至光绪十八年（1892），长达二十年之久。而长江水师提督署衙即在当涂县，因此当涂采石矶上的彭刚直公祠、然犀亭等都与李成谋有关，很多胜迹皆为李成谋任期内建造或修复。

图8 三元洞近景

图9　广济寺

　　三元洞位于采石矶西侧江边，是采石矶上最大的天然石洞。《当涂县志》记载："三官洞，一名'三元洞'，在采石翠螺山西麓，面临大江，康熙间僧定如凿山开径，榻几炉灶皆天然石造，池阳太守喻成龙构阁一楹……依峭壁，大江前横，凭轩纵目，使人意远。旧时石径险峻，沿坡有石栏数十丈为卫，今栏已废，而磴（石阶）道宽平，游者不复有戒心矣。"这张从翠螺山顶向下俯拍的照片（图7），拍出了三元洞临江峭壁的险峻，有阁一楹，往下是蜿蜒陡峭的石台阶。另一张近景照片（图8），可以看到小阁门额书"三元洞"三字，立于阁前岩石上眺望大江，甚为开阔壮观。

三、广济寺与观音阁

采石矶上最著名的寺庙是广济寺（图9），始建于三国东

图10　观音阁

图 11 观音阁念佛会

吴赤乌年间（238—251）。有《广济寺》诗曰："船从山下过，直上见僧轩。系缆当矶石，缘崖到寺门。短篱遮竹漾，危路踏松根。却看沧江底，帆归烟外昏。"

　　广济寺内的主要建筑是观音阁（图 10），也是现存广济寺仅剩的建筑。这张照片中，可以看到观音阁坐落位置较高，砖石砌筑基座，中部为多级台阶，正殿屋宇略显破败，左侧厢房白墙上书有"观音阁"三字。正殿右侧有对称的厢房，白墙上

图12 采石镇溪桥

书"念佛会"三字（图11），屋下还建有石雕护栏，山势较为陡峭。

四、采石镇街景

采石矶旁形成的市镇名曰"采石镇"，康熙《当涂县志》已有记载："采石镇，在县北二十五里，化洽乡。"镇内有驿站，名为"采石驿"。1976年，采石镇改为采石街道，现属马鞍山市，人口约一万人。

这张采石镇溪桥照片（图12），反映出当时采石镇的街景。古镇沿河而设，连排的房屋均建在岸上一侧，有平房，也有两层的楼房。桥头边的一栋两层楼房较为气派，门前聚拥着不少人，屋侧有招牌，应是一家货栈。不远处可见两座山峰，近处的河面上则架设着一座木桥，从桥下人的比例看，桥面距离河面大约十米，可以想见涨水期河水将会很深。河道中有几艘船只，岸边堆放着一些木材，有人顺着河岸上下，也有人在河边浣洗，充满着生活气息。

来自阿尔伯·肯恩的启迪

冯克力

《老照片》里刊布过的图文，不知什么时候就会不经意地触动人们的某根神经，而被重温。

这不，近日山东电视台因为要拍摄一集"泰山的国际传播与影响"的专题片，意外地留意到了 25 年前刊登在《老照片》里由法国摄影师拍摄的几张泰山老照片，并进而关注到主导了该项影像采集活动的阿尔伯·肯恩先生——一百多年前，法国的那位不乏传奇的金融家。

1996 年，《老照片》尚在出版筹备中，我从好友、时任岱庙博物馆馆长的刘慧先生处获悉，他们正受法国阿尔伯·肯恩博物馆之邀，在协助解读、整理其馆藏的一宗拍摄于 20 世纪初年的泰山老照片。于是，经刘慧先生热心引荐，我们辗转联系上了法国的这家博物馆。接下来，其丰富的馆藏在很大程度上纾解了《老照片》草创之初的燃眉之急。因其馆藏中还有不少早期的彩色照片（彩色玻璃反转片照相术 1904 年由法国的吕米埃兄弟发明，几年以后就为阿尔伯·肯恩的摄影团队所采用），一段时间里，《老照片》的封二、封三和中插，几乎都被肯恩博物馆提供的彩色照片所占据。这些最早出现的中国彩色照片，直令《老照片》的读者们眼界大开。

然而，在这过程中，更深刻地影响和触动我们的，还是阿尔伯·肯恩先生的非凡事业和他高瞻远瞩的人文诉求。出身于牲畜买卖之家的肯恩，经不懈努力靠自学进修成为法国金融界巨子后，预感到伴随着全球工业化的浪潮世界各国文化的多样性正在不可避免地变迁和消失，遂斥资创办了一个基金会，资助精心挑选的大学毕业生们去周游世界，从人种、民俗、风物、建筑以及宗教等不同角度采集各种文明的遗存。肯恩告诫他们"在众多的和迅速变化的事实面前，要绝对留神慎用太草率的词句"，应"睁开自己的双眼"去观察，去体悟。他把这一浩繁的工程，定义为"建立地球档案"的努力。后来，积年所得的这 8 万多张照片和 15 万米长的纪录影片，以其极富人类学眼光的采集，成为了法国上塞纳河省阿尔伯·肯恩博物馆的镇馆之藏，并造福后人。

谈到自己所追求的理念，阿尔伯·肯恩说道："人的尊严并不属于任何集团或个人，人的尊严是整个社会所关注的，把一群人的制度加于另一群人，事实已指出其缺陷和不足，是不安全和不公平的。"正是他的这番宣示与表白，让我们隐约理解了其百多年前矢志于影像采集的深意所在。

回头想想，当年创办中的《老照片》得与阿尔伯·肯恩不期而遇，实在是一种缘分，更是一种幸运。